essentials

essentials liefern aktuelles Wissen in konzentrierter Form. Die Essenz dessen, worauf es als „State-of-the-Art" in der gegenwärtigen Fachdiskussion oder in der Praxis ankommt. *essentials* informieren schnell, unkompliziert und verständlich

- als Einführung in ein aktuelles Thema aus Ihrem Fachgebiet
- als Einstieg in ein für Sie noch unbekanntes Themenfeld
- als Einblick, um zum Thema mitreden zu können

Die Bücher in elektronischer und gedruckter Form bringen das Expertenwissen von Springer-Fachautoren kompakt zur Darstellung. Sie sind besonders für die Nutzung als eBook auf Tablet-PCs, eBook-Readern und Smartphones geeignet. *essentials:* Wissensbausteine aus den Wirtschafts-, Sozial- und Geisteswissenschaften, aus Technik und Naturwissenschaften sowie aus Medizin, Psychologie und Gesundheitsberufen. Von renommierten Autoren aller Springer-Verlagsmarken.

Weitere Bände in der Reihe http://www.springer.com/series/13088

Andreas Taschner

Management Reporting und Behavioral Accounting

Verhaltenswirkungen des
Berichtswesens im Unternehmen

2. Auflage

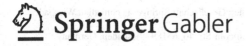

Andreas Taschner
ESB Business School
Hochschule Reutlingen
Reutlingen, Deutschland

ISSN 2197-6708 ISSN 2197-6716 (electronic)
essentials
ISBN 978-3-658-23491-1 ISBN 978-3-658-23492-8 (eBook)
https://doi.org/10.1007/978-3-658-23492-8

Die Deutsche Nationalbibliothek verzeichnet diese Publikation in der Deutschen Nationalbibliografie; detaillierte bibliografische Daten sind im Internet über http://dnb.d-nb.de abrufbar.

Springer Gabler

Springer Gabler ist ein Imprint der eingetragenen Gesellschaft Springer Fachmedien Wiesbaden GmbH und ist ein Teil von Springer Nature
Die Anschrift der Gesellschaft ist: Abraham-Lincoln-Str. 46, 65189 Wiesbaden, Germany

Was Sie in diesem *essential* finden können

- Kurzeinführung in das interne Berichtswesen und seine wichtigsten Bausteine
- Überblick über „Behavioural Accounting" als Disziplin
- Erläuterung der Verhaltenswirkung von Berichten in Unternehmen
- Lexikalische Darstellung einzelner Heuristiken und ihrer Bedeutung für das Management Reporting

Vorwort zur 2. Auflage

In der zweiten Auflage wurden Tippfehler korrigiert und einige sprachliche Verbesserungen vorgenommen. Der Aufbau des Werkes blieb unverändert. Ebenso wurde der Schwerpunkt auf die Behandlung der einzelnen Heuristiken und ihrer Wirkung auf das Berichtswesen beibehalten.

Andreas Taschner

Vorwort

Der vorliegende Text beschäftigt sich mit der Frage, in welcher Form und in welchem Ausmaß das interne Berichtswesen beabsichtigte und unbeabsichtigte Verhaltenswirkungen bei den Beteiligten auslöst und umgekehrt selbst durch nicht intendiertes Verhalten von Beteiligten in seinen Wirkungen beeinflusst wird. Das Buch greift damit einen häufig vernachlässigten Aspekt des Berichtswesens auf, welcher die Effektivität und Effizienz des Management Reporting wesentlich bestimmt. Der Text stellt den Versuch dar, den Ansatz des „Behavioral Accounting" auf die spezifische Controllingaufgabe des internen Berichtswesens anzuwenden. Nur wer die vielfältigen direkten und indirekten Wirkungen von Berichten auf das Verhalten einzelner Betroffener versteht, kann Management Reporting effektiver einsetzen und „unerwünschte Nebenwirkungen" besser vermeiden. Richtig angewendet, werden Berichte zu einem wirkungsvollen Instrument der Unternehmenssteuerung.

Das Buch stützt sich vor allem in den Abschnitten 1 und 4 auf andere Veröffentlichungen des Autors zum Thema Management Reporting (siehe Quellenverzeichnis für genauere Angaben) – insbesondere auf das 2013 im Verlag Springer Gabler erschienene Buch „Management Reporting – Erfolgsfaktor internes Berichtswesen". Lesern, die sich für eine umfassende, über verhaltenswissenschaftliche Aspekte hinausgehende Behandlung des internen Berichtswesens interessieren, sei die Lektüre dieses Werks empfohlen.

Der vorliegende Text konzentriert sich auf die Integration von verhaltenswissenschaftlichen Aspekten in das Thema Management Reporting und besitzt den folgenden Aufbau.

Aufbau des Buches

Grundlagen des Berichtswesens werden behandelt, soweit dies für ein Verständnis der hier im Fokus stehenden Fragestellung erforderlich ist (siehe Kap. 1). Auch die kurze Beschreibung der nach wie vor relativ jungen Disziplin des „Behavioral Accounting" beschränkt sich auf eine Darstellung der unbedingt notwendigen Konzepte und Zusammenhänge (Kap. 2). Nach einem kurzen Abriss verschiedener Wirkungsarten von Berichten auf menschliches Verhalten (Kap. 3) erfolgt in Kap. 4 schließlich eine detaillierte Darstellung wesentlicher Heuristiken und ihrer Verbindung zum Management Reporting.

Inhaltsverzeichnis

Management Reporting – Grundlagen 1

1.1 Begriff und Bedeutung des Management Reporting

Wer zielgerichtet handeln will (oder muss), der benötigt Wissen über die Ziele selbst, ebenso über Mittel und Wege, diese Ziele zu erreichen und über die Rahmenbedingungen, innerhalb derer sich das zielorientierte Handeln vollzieht. Solcherart „zweckorientiertes Wissen" wird als „Information" bezeichnet. Da es in einer komplexen Handlungsumgebung unmöglich ist, das gesamte handlungsrelevante, zweckorientierte Wissen selbst zu sammeln und zu verarbeiten, hat sich in Organisationen (zu denen Unternehmen gehören) eine Arbeitsteilung und Spezialisierung etabliert: Das Sammeln und Aufbereiten von Information ist in vielen Fällen personell getrennt von der Nutzung dieser Information. Nötig wird damit ein Informationstransfer zwischen Unternehmensmitgliedern, welcher sich in Unternehmen vor allem in Form von Berichten manifestiert.

Das innerbetriebliche Berichtswesen umfasst alle Stellen, Einrichtungen, Regeln und Instrumente zur Versorgung interner Adressaten mit der zur Aufgabenerfüllung notwendigen Information. Das Management Reporting stellt denjenigen Teilbereich des innerbetrieblichen Berichtswesens dar, welcher sich auf die Informationsversorgung der mit Führungsaufgaben betrauten Personen und Stellen konzentriert und steuerungsrelevante Information (=Führungsinformation) aufbereitet und übermittelt (vgl. Abb. 1.1).[1]

Die Controllingfunktion ist die zentrale „Informationsdrehscheibe" für führungsrelevante Information. Die Informationsversorgung der Führungskräfte – und damit

---

[1]Vgl. Taschner (2013a, S. 37).

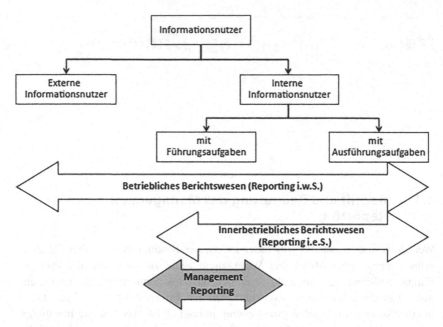

Abb. 1.1 Begriffliche Abgrenzung des Management Reporting. (Vgl. Taschner 2013a, S. 35)

auch das Erstellen von Management Reports – stellt deshalb in den meisten Unternehmen eine zentrale Aufgabe des Controlling dar. Empirische Untersuchungen zeigen regelmäßig, dass das Management Reporting zu den wichtigsten (und häufig auch zeitintensivsten) Tätigkeiten des Controlling zählen (vgl. Tab. 1.1).

1.2 Gestaltungsdimensionen des Berichtswesens (Die „W-Fragen")

Berichte stellen in Umfang und Struktur das Ergebnis eines komplexen Abstimmungs- und Analyseprozesses dar, sind ihrem Wesen nach aber immer eine mehr oder weniger standardisierte und strukturierte Form der Informationsübermittlung an Adressaten mit Führungsaufgaben. Da diese Adressaten, deren Informationsbedarf sowie die konkrete Berichtssituation, in welcher dieser Informationsbedarf gedeckt werden soll, individuell unterschiedlich sind, sind auch die Berichte selbst sehr unterschiedlich. Die erstmalige Konzeption ebenso wie die

Tab. 1.1 Empirische Befunde zur praktischen Bedeutung des Berichtswesens im Controlling. (Vgl. Weide 2009, S. 7)

Studie	Stichprobe	Antwortskala	Tätigkeitsbezeichnung	Rang
Von Landsbert und Mayer (1988)	260 deutsche Unternehmen	1 (erledigen andere) bis 5 (Hauptaufgabe)	Einrichtung/Entwicklung von Berichtssystemen bzw. Berichten	Rang 2 (4,6) bzw. Rang 4 (4,5) von 23 möglichen Controlleraufgaben
Niedermayr (1994)	302 und größere österreichische Unternehmen	1 (keine Controllingaufgabe) bis 6 (Hauptaufgabe)	Durchführung des Berichtswesens	Rang 2 (5,0) von 26 möglichen Controlleraufgaben
Stoffel (1995)	Unternehmen in Deutschland (76), Frankreich (49) und USA (36)	Beteiligung des Controllings an der Aufgabe	Internes Berichtswesen	Rang 2 (>90 % in D und F, Rang 4 (>85 %) in USA bei 14 möglichen Controlleraufgaben
Weber und Schäffer (1998)	9798 Controlleranzeigen	Prozent der Gesamtaufgaben	Berichtswesen	Rang 1 (13,2 %) von 17 möglichen Aufgabengebieten
Weber et al. (2001)	23 der größten deutschen Konzerne	Prozent der Gesamtaufgaben	Informationsversorgung	Rang 1 (26,1 %) bei Stammhauskonzernen, Rang 4 (21,6 %) bei Strategischen Holding-Konzernen
Hoffjan (2003)	73 Werbeanzeigen	Controllerrollen	Informationslieferant	Rang 2 (20 Nennungen) von 8 möglichen Controllerrollen

(Fortsetzung)

Tab. 1.1 (Fortsetzung)

Studie	Stichprobe	Antwortskala	Tätigkeitsbezeichnung	Rang
Dorfer und Gaber (2006)	97 österreichische Unternehmen	Hauptaufgaben des Controllings	Internes Monats- und Quartals-reporting	Rang 1 von 18 möglichen Aufgaben
Littkemann et al. (2007)	244 Controller-Stellenanzeigen (196 in 2004, 50 in 2006)	Aufgaben des Beteiligungscontrollers	Informationsversorgung	Rang 1 (2004) und Rang 2 (2006) von 11 möglichen Aufgaben
Weber (2008)	358 deutsche, österreichische und schweizer Unternehmen	%-Anteil an der wöchent-lichen Arbeitszeit	Berichtswesen	Rang 1 (22,25 %) von 8 Aufgabenfeldern

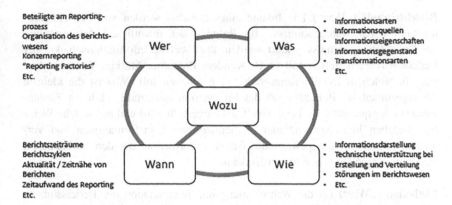

Abb. 1.2 Gestaltungsdimensionen des Berichtswesens. (Taschner 2013b, S. 8.)

laufende Erstellung von Berichten kann sich dabei jeweils an den wesentlichen Gestaltungsdimensionen orientieren (vgl. Abb. 1.2).[2]

Der Berichtszweck (das „Wozu") bildet den Ausgangspunkt aller Gestaltungsüberlegungen. Der Zweck (d. h. die Deckung eines konkreten Informationsbedarfs) bestimmt seinerseits die inhaltliche („Was"), formale („Wie"), zeitliche („Wann") und personelle („Wer") Ausgestaltung des Berichts bzw. des Berichtsprozesses.

Berichtszweck („Wozu") Berichte dienen der Dokumentation (Festhalten von Ereignissen und Vorgängen sowie deren Ursachen und Folgen), der Kontrolle (Vergleich von tatsächlichen und erwarteten bzw. geplanten Größen), sowie der Planungs- und Entscheidungsunterstützung (Bereitstellung von Information zur Vorbereitung von konkreten Planungs- und Entscheidungsaufgaben). Der jeweils verfolgte Berichtszweck bestimmt, wie die anderen Gestaltungsdimensionen eingesetzt werden müssen, um einen für den konkreten Informationsbedarf bestmöglich passenden Bericht zu erstellen. Allen Berichtszwecken gemein ist dabei, dass der Bericht eine Verhaltensbeeinflussung der Betroffenen intendiert.[3] Ein „folgenloser" Bericht hat demnach auf jeden Fall seinen Zweck verfehlt.

---

[2]Vgl. Taschner (2013a, S. 44 ff.) und Taschner (2013b, S. 5 ff.).
[3]Darauf wird in Kap. 3 noch näher eingegangen.

Berichtsinhalt („Was") Die Inhalte eines Berichts werden von den Adressaten unmittelbar wahrgenommen. Im Rahmen der inhaltlichen Ausgestaltung des Berichtswesens muss geklärt werden, über welche Informationsobjekte der Bericht Aussagen treffen soll (z. B. Kunden, Produkte, Märkte, Wettbewerber, etc.), in welchem Detaillierungsgrad dies geschehen soll (Was ist die kleinste Aussageeinheit im Bericht?), ob die Information quantitativ (d. h. in Zahlenwerten) oder qualitativ (in Form von Text) dargestellt wird und auf welche Weise (mit welchen logischen und/oder mathematischen Transformationen und Verarbeitungsroutinen) die gewünschte Berichtsinformation aus den vorhandenen Informationsquellen generiert werden kann.

Methoden („Wie") Da die Wahrnehmung und Interpretation der Berichtsinhalte stark von der Art ihrer Darstellung und Aufbereitung abhängt, ist es für einen Bericht essenziell, vorab die Darstellungsweise (Text, Tabellen, Grafiken, etc.) und die Berichtsgestaltung (Layout, Format) sowie die Art der Kommunikation und Präsentation (Verteilerlisten, Umläufe, Hauspost, persönliche Berichtsdurchsprachen, etc.) zu klären. Unter das „Wie" können auch Fragen der IT-Unterstützung des Berichtsprozesses und mögliche Ansatzpunkte einer Störung des Berichtsprozesses subsummiert werden.[4]

Termine und Zeiträume („Wann") In der betrieblichen Praxis sind Berichte meist an feste Termine gebunden, ihre Erstellung erfolgt häufig unter Zeitdruck. Die Gestaltungsdimension „Wann" klärt, in welchen Abständen Berichte erstellt werden (Berichtszyklen) und welche Zeiträume sie jeweils umfassen (absolute Abdeckung sowie Granularität des abgedeckten Zeitraums – z. B. aktuelles Jahr in „Monatsscheiben"). Ebenso ist in dieser Gestaltungsdimension die Frage zu beantworten, wie weit der Zeitpunkt der Berichtserstellung vom Zeitpunkt der Berichtsnutzung entfernt sein soll bzw. darf („Rechtzeitigkeit") und wie groß der Abstand zwischen Berichtszeitpunkt und zeitlichem Auftreten der berichteten Sachverhalte ist (Aktualität der Berichtsinformation). Alle diese zeitlichen Komponenten stehen wiederum in einem Kausalverhältnis zur Dauer des Berichtsprozesses selbst.

---

[4]Störungen des Berichtsprozesses im Sinne von nicht-intendierten Verhaltenswirkungen stehen im Mittelpunkt der Kap. 3 und 4.

Berichtsbeteiligte („Wer") In dieser letzten Gestaltungsdimension werden Aussagen dazu getroffen, wer die Nutzer bzw. Adressaten einerseits sowie die Ersteller der Berichte andererseits sind. Hier sind Aufgabenverteilungen, Kompetenzen und Verantwortlichkeiten festzulegen sowie unterstützende Funktionen (z. B. IT-Abteilung) zu definieren.

In der Praxis zeigen sich bei der Umsetzung dieser „W-Fragen" große Unterschiede. Manche Unternehmen erstellen Berichtshandbücher, welche für verschiedene Berichtsarten die genannten Dimensionen beschreiben. In vielen Unternehmen ist das Berichtswesen (und damit die Ausprägung der Dimensionen) aber eher historisch gewachsen und nicht umfassend dokumentiert.

1.3 Prozess des Berichtswesens

„Berichten" drückt im Alltagsgebrauch vor allem den Akt der Weitergabe von Informationsobjekten an andere Subjekte (also: den eigentlichen Kommunikationsakt) aus. Das Berichtswesen wird aber üblicherweise nicht auf diesen kleinen Ausschnitt beschränkt, sondern umfasst mindestens noch die Erzeugung und Aufbereitung der berichteten Information. In einem noch weiteren Sinn wird auch die zeitlich davor angesiedelte Phase der Informationsbeschaffung bzw. die an die Übermittlung anschließende Phase der Informationsinterpretation und -nutzung als Teil des Berichtswesens gesehen.[5]

In der betrieblichen Praxis erfolgt die funktionale Abgrenzung des internen Berichtswesens fließend: Wo das Berichtswesen selbst „endet" und andere betriebliche Funktionen die Berichtsinformation weiter nutzen und verarbeiten, bleibt weitgehend Definitionssache.

Im Hinblick auf die hier besonders interessierenden verhaltensbeeinflussenden Effekte des Management Reporting empfiehlt sich eine relativ weit gefasste Abgrenzung, welche alle potenziell relevanten Prozessschritte umfasst und diese in einzelne Tätigkeiten bzw. Teilaufgaben weiter untergliedert (vgl. Abb. 1.3 und 1.4).[6]

1. Ausgangspunkt bildet die Erfassung des Informationsbedarfs, weil dieser die weiteren Anforderungen an den Bericht bezüglich Inhalten, Umfang, Struktur und Darstellungsform bestimmt.

---

[5]Diese umfassende Interpretation des Berichtswesens vertritt z. B. Blohm (vgl. Blohm 1982, S. 866).

[6]Vgl. Taschner (2013a, S. 41 ff.).

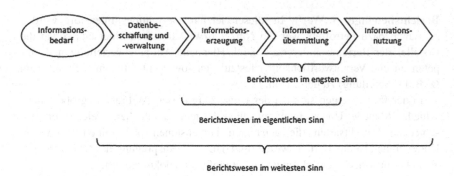

Abb. 1.3 Phasenabgrenzungen des Berichtswesens. (Vgl. Taschner 2013a, S. 39)

2. Nach Ermittlung des Informationsbedarfs können die Informationsquellen zu dessen Deckung identifiziert und zugänglich gemacht werden. Bei internen Quellen (wie z. B. dem Rechnungswesen oder operativen Abwicklungssystemen) sind die Verfügbarkeit der Systeme selbst (z. B. Zugriffsrechte) und der konkreten Inputdaten zu prüfen. Bei externen Quellen muss hier die Zuverlässigkeit ebenso wie mögliche Kosten der Nutzung geprüft werden.

3. In der Phase der Informationsgewinnung müssen die Inputs gesammelt und den geplanten Berichtsinhalten zugeordnet werden. In der Regel wird auch eine erste Datenprüfung (Plausibilität, Vollständigkeit, Aktualität, etc.) erfolgen.

4. Die gesammelte Information kann nun aufbereitet und weiter umgeformt werden, um den individuellen Informationsbedürfnissen der Abnehmer zu entsprechen. Dies schließt eine Detailanalyse und eine bedarfsgerechte Darstellung der Ergebnisse mit ein.

5. Eine Zwischenspeicherung in elektronischer oder materieller Form („Ablage") ist prinzipiell nach jedem Prozessschritt möglich, doch stellt die Sicherung der Berichtsinhalte nach deren Erstellung den wichtigsten Fall dar. Dies schließt auch die Archivierung von unterschiedlichen Versionen mit ein. Dadurch sollen die Berichtsinhalte späteren Zugriffen durch Berechtigte dauerhaft und verlässlich zugänglich gemacht werden.

6. Die Berichtsinhalte können erst zu (subjektiver) Information werden, wenn sie dem Berichtsempfänger zugänglich gemacht worden sind. Dies kann über verschiedenste Medien geschehen und wird – zumindest bei als wichtig angesehenen Berichten – häufig auch von einer persönlichen Kommunikation (in Form von Präsentationen oder Durchsprachen) begleitet.

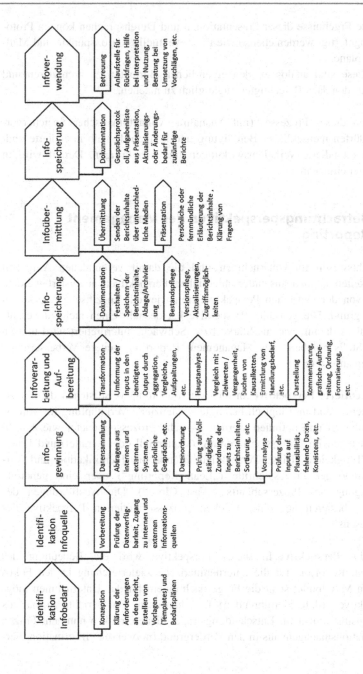

Abb. 1.4 Der Management Reporting-Prozess und seine Teilaufgaben. (Vgl. Taschner 2013a, S. 42)

7. Über die Ergebnisse dieser Präsentationen und Durchsprachen können Protokolle angefertigt werden ebenso wie über eventuelle Aktionspunkte und Maßnahmenpläne.

8. Auch diese sind analog zu den eigentlichen Berichten zu archivieren und dauerhaft den dazu Berechtigten zugänglich zu machen.

Alle Phasen dieses Prozesses (mit Ausnahme vollautomatischer Speichervorgänge) bedürfen menschlicher Beteiligung und können deshalb intendierte und/oder nicht intendierte Verhaltenswirkungen mit sich bringen. Darauf wird in Kap. 3 weiter eingegangen.

1.4   Betrachtungsperspektiven des Management Reporting

Das Berichtswesen im Unternehmen und die damit verbundenen Aufgaben und Tätigkeiten können aus unterschiedlichen Perspektiven analysiert werden. Abhängig von der gewählten Perspektive treten jeweils spezifische Aspekte in den Vordergrund. Die gewählte Perspektive hat deshalb einen nicht unwesentlichen Einfluss darauf, was als Stärke bzw. Schwäche interpretiert wird und an welchen „Stellschrauben" des Management Reporting weitere Verbesserungsmaßnahmen ansetzen:

Prozessorientierte Perspektive In dieser Betrachtungsweise stehen die einzelnen Tätigkeiten und ihre logisch bedingte sequenzielle Verknüpfung im Vordergrund. Analysiert und optimiert werden typische Prozessparameter wie Anzahl der Schnittstellen im Prozess, Anordnung (sequentiell oder parallel) und Dauer einzelner Tätigkeiten. Diese Perspektive erlaubt die Identifikation und Vermeidung unnötiger Prozessschritte („Lean Reporting") oder eine generelle Beschleunigung des Prozessablaufs („Fast Close"). Die Ausführungen des Abschn. 1.3 basieren auf einer solchen prozessorientierten Perspektive des Berichtswesens.

Strategische Perspektive In dieser Perspektive wird die Bedeutung des Management Reporting für die unternehmerische Zielerreichung in den Fokus gerückt. Im Mittelpunkt steht die Frage nach einem für das Unternehmen möglichst effektiven (d. h. zielführenden) Berichtswesen. Da Berichte primär als Informationsinstrument für Entscheidungsträger dienen, rücken nunmehr Fragen des Informationsmanagements in den Vordergrund (notwendige Information, Verknüpfung unterschiedlicher Informationsarten und -quellen, Vermeidung sowohl von Redundanz als auch umgekehrt von Informationslücken, etc.).

Technische Perspektive Diese Herangehensweise betont Fragen der technischen Umsetzung des Management Reporting. Dies kann von einfachen, in Excel erstellten, Vorlagen (Templates) bis hin zu komplexen Business Intelligence Systemen oder auf Entscheidungsträger höherer Hierarchieebenen zugeschnittene Management Cockpits reichen. In dieser Perspektive treten die inhaltlichen Schnittstellen zur Wirtschaftsinformatik besonders deutlich zutage. Management Reporting wird hier auch zu einer Frage für IT-Experten.

Personenzentrierte Perspektive Nicht zuletzt kann das Berichtswesen im Unternehmen auch aus der Perspektive der jeweils beteiligten Individuen analysiert werden. Diese Perspektive interessiert sich vor allem für die von Berichten ausgelösten Verhaltenswirkungen bei Erstellern, Empfängern oder anderen am Reporting beteiligten Personen. Dabei können die Verhaltenswirkungen sowohl intendiert (bewusst herbeigeführt) als auch nicht-intendiert (unabsichtlich ausgelöst) sein. Diese Perspektive steht im Mittelpunkt der weiteren Ausführungen und wird in den folgenden Kapiteln näher behandelt.

Kurzdarstellung des Behavioral Accounting

2

2.1 Formen menschlichen Verhaltens

Wenngleich der Begriff in der Psychologie und den Sozialwissenschaften nicht eindeutig definiert ist, so soll hier im Folgenden unter „Verhalten" allgemein ein an einem Organismus von außen wahrnehmbarer, sich im Zeitablauf verändernder Sachverhalt verstanden werden.[1] Aus dieser Definition ergibt sich:

- dass „Verhalten" prinzipiell jedem lebenden Organismus zugeschrieben werden kann (es sich also nicht um eine rein menschliche Eigenschaft handelt),
- „Verhalten" von außen zumindest prinzipiell wahrnehmbar sein muss, es sich also nicht um rein interne Prozesse handelt (wie z. B. Denken oder Fühlen – welche aber wiederum von außen wahrnehmbares Verhalten auslösen können).

Hier interessiert naturgemäß nur menschliches Verhalten. Menschliches Verhalten kann dabei auf unterschiedlichen Ebenen des Bewusstseins ablaufen:[2]

1. Rein unbewusste, physiologische Reaktionen des Menschen auf innere oder äußere Reize (z. B. ein Zurückzucken beim unabsichtlichen Griff auf die heiße Herdplatte),

---

[1]Vgl. Wirtz (2013).

[2]Vgl. Gabler Wirtschaftslexikon, Stichwort Verhalten, http://wirtschaftslexikon.gabler.de/Archiv/1408500/verhalten-v3.html.

© Springer Fachmedien Wiesbaden GmbH, ein Teil von Springer Nature 2019
A. Taschner, *Management Reporting und Behavioral Accounting*, essentials,
https://doi.org/10.1007/978-3-658-23492-8_2

2. Gelernte, in Routinen vollzogene, aber nicht bewusst oder nur unterbewusst gesteuerte Verhaltensweisen (z. B. der nächtliche „schlafwandlerische" Gang auf die Toilette),
3. Bewusstes, kognitiv gesteuertes Handeln.

Für die weiteren Ausführungen und für das Wesen des Behavioral Accounting insgesamt entscheidend ist die Feststellung, dass es nicht nur um bewusstes menschliches Handeln geht (Punkt 3 der Aufzählung), sondern auch und vor allem unbewusste Verhaltensweisen in die Betrachtungen mit einbezogen werden. Gerade hier ergeben sich im Behavioral Accounting wesentliche Erkenntnisgewinne.

2.2   Menschliches Verhalten als Thema in den Managementwissenschaften

Die Ökonomie und Managementwissenschaften stellen den Menschen und sein Handeln in den Blickpunkt des Interesses. Dabei geht die traditionelle Ökonomie von der zentralen Annahme aus, dass der Mensch ein „Nutzenmaximierer" ist: er handelt so, dass ihm sein Handeln unter gegebenen Rahmenbedingungen eine möglichst weitgehende Erreichung der persönlichen Ziele ermöglicht. Unter verschiedenen Handlungsmöglichkeiten wird der Akteur also immer diejenige Möglichkeit wählen, die er für geeignet hält, die persönlichen Ziele in höherem Ausmaß zu verwirklichen.[3] Solches Handeln wird in der Ökonomie als „rational" angesehen. In der Sichtweise der traditionellen Ökonomie verhält sich ein menschlicher Akteur also rational, wenn (und nur wenn) er durch sein Handeln die Erreichung seiner Ziele bestmöglich fördert.

Startpunkt – rationales Handeln des homo oeconomicus Diese zentrale Annahme des rational handelnden (=den persönlichen Nutzen maximierenden) Menschen wird in der traditionellen Ökonomie noch durch weitere Annahmen ergänzt:[4] Die Präferenzen des Akteurs sind stabil und verändern sich nur langfristig. Akteure „wissen, was sie wollen", ändern ihre Präferenzen selten und streben die Erfüllung ihrer eigenen Wünsche auch tatsächlich an. Wenn die Erfüllung dieser Wünsche nicht möglich ist, so liegt dies nicht am Unvermögen des Handelnden

---

[3]Vgl. Bramsemann et al. (2004, S. 554).
[4]Vgl. Hirsch (2007, S. 83).

selbst, sondern an Restriktionen der Umgebung (z. B. an Ressourcenmangel). Da unter diesen Restriktionen eine vollständige Erfüllung der Wünsche in der Regel nicht möglich ist, handelt das Individuum so, dass die Ziele zumindest bestmöglich erreicht werden – also rational.

Diese Rationalität im hier beschriebenen Sinn wird ergänzt durch eine vollkommene Voraussicht, d. h. die Konsequenzen des eigenen Handelns sind dem Akteur jederzeit bekannt. Der Handelnde verfügt also über lückenlose Information zu den verfügbaren Handlungsalternativen, deren jeweiligen Konsequenzen und damit deren Einfluss auf die persönliche Zielerreichung. Das Handlungsmodell eines solcherart agierenden Individuums wird gemeinhin als „homo oeconomicus" bezeichnet. Gemeinsam mit der Modellierung des Unternehmens als einem Ort, dessen Leistungsprozess durch eine abstrakte (d. h. von konkreten Einzelindividuen unabhängige) Produktionsfunktion beschrieben werden kann, ergibt sich daraus der Ansatzpunkt für viele klassische Modelle der Ökonomie.[5]

Mag man sich zunächst auch mit dem Konzept von nutzenmaximierenden Akteuren abfinden, so erscheint die Annahme vollkommener Informiertheit doch sehr rasch weltfremd. In leichter Anpassung des Prinzips eines homo oeconomicus kann deshalb auch angenommen werden, dass Akteure zwar nicht vollkommen informiert sind, jedoch jeweils nach weiterer Information über ihre Handlungsalternativen suchen werden – und zwar solange, wie der Nutzen der zusätzlichen Information die Kosten von deren Suche übersteigt. Das Informationssuchverhalten selbst unterliegt also ebenfalls dem Rationalitätsprinzip eines homo oeconomicus. Anstelle vollkommener Information tritt nun lediglich die Annahme, dass die unvollständig vorhandene Information ergänzt wird, solange ein Anstieg der eigenen Informiertheit die persönliche Zielerreichung fördert (also zusätzlichen Nutzen bringt). Die Literatur hat hierfür den Begriff der „optimisation under constraints" (Optimierung unter Nebenbedingungen) geprägt.[6]

Das Konzept der beschränkten Rationalität (,,Bounded rationality") Der Nobelpreisträger für Wirtschaftswissenschaften H.A. Simon postulierte, dass das klassische Modell des homo oeconomicus unberechtigterweise völlig von den kognitiven Fähigkeiten der handelnden Individuen abstrahiert:[7] vorhandene Information wird immer richtig verarbeitet, Umweltbeschränkungen werden immer

---

[5]Vgl. Weber et al. (2003, S. 50).
[6]Vgl. Basel (2012, S. 25).
[7]Vgl. Simon (1978, S. 12 ff.).

richtig eingeschätzt – und das alles ohne Verzögerungen. Simon plädierte, dass die ökonomische Theorie die begrenzten Fähigkeiten der Individuen zur Aufnahme und Verarbeitung von Information berücksichtigen müsse. Nicht mehr nur die Umweltbedingungen, sondern nunmehr auch die kognitiven Fähigkeiten des Handelnden selbst werden zu Beschränkungen, die ein völlig rationales Handeln im Sinne des homo oeconomicus unmöglich machen. Individuen können Fehler in ihren Einschätzungen und Wahrnehmungen machen, sie können Aspekte übersehen und die gleiche Information subjektiv unterschiedlich interpretieren.

Damit wird im Konzept der beschränkten Rationalität das Individuum selbst für ökonomische Erklärungen relevant.[8] Die Theorie kann nicht mehr vom Subjekt abstrahieren (was möglich ist, solange jedes Subjekt gleich rational agiert und in seinem Entscheidungsverhalten also austauschbar ist), sondern muss nunmehr die subjektiven Eigenschaften des Handelnden in die Betrachtung miteinbeziehen: Die ökonomischen Theorien müssen durch psychologische Konzepte ergänzt werden. Simon selbst führt hier die Unterscheidung zwischen substanzieller und prozeduraler Rationalität ein.[9] Substanzielle Rationalität „... beschäftige sich mit der Frage, welche Handlung zur Nutzenmaximierung führe... Die prozedurale Rationalität beschäftige sich dagegen mit der Frage, wie der Entscheider Alternativen generiert und diese miteinander vergleicht."[10] Selbst bei gleichen Zielen können Akteure nunmehr völlig unterschiedlich handeln – beim homo oeconomicus wäre dies undenkbar!

Im Konzept der beschränkten Rationalität werden die Handelnden nicht zu Optimierern, sondern vielmehr zu „Satisfizierern". Optimale Lösungen und Handlungsalternativen mögen zwar existieren, die Individuen können diese aufgrund ihrer beschränkten kognitiven Möglichkeiten aber nicht identifizieren. Vielmehr werden nun Lösungen oder Alternativen angestrebt, die „gut genug" sind. Handelnde mit beschränkter Rationalität erreichen zwar keine optimalen, aber zufriedenstellende Lösungen.[11]

Das „Heuristics and biases" Programm Ihre beschränkten kognitiven Fähigkeiten zwingen Akteure dazu, in komplexen Situationen mit begrenzten Mitteln zufriedenstellende Lösungsalternativen zu finden und umzusetzen. Dabei muss

---

[8]Vgl. Hirsch (2007, S. 211).
[9]Vgl. Simon (1978, S. 9).
[10]Hirsch (2007, S. 211 f.) (Hervorhebungen weggelassen).
[11]Vgl. Basel (2012, S. 27).

sich der Handelnde gar nicht bewusst für „zweitbeste" Lösungen entscheiden. Vielmehr vollziehen sich die Reduktion des komplexen Handlungsfeldes und die Realisation einer „good enough" Alternative in vielen Fällen unbewusst. Der Handelnde hat durchaus im Sinn, eine möglichst gute Alternative zu finden und zu realisieren (strebt in diesem Sinne also nach dem „Ideal" des homo oeconomicus), agiert aber unbewusst mit Vereinfachungen, Abkürzungen und „Daumenregeln". Diese Idee wurde in den 1970er und 1980er Jahren in einem umfassenden Forschungsprogramm von Daniel Kahneman und Amos Tversky aufgegriffen und unter dem Begriff „heuristics and biases" (wörtlich: Heuristiken und Voreingenommenheiten) bekannt.[12] Daniel Kahneman wurde für seine Arbeiten im Jahr 2002 mit dem Nobelpreis für Wirtschaftswissenschaften geehrt.

Als Heuristik kann dabei jedes Problemlösungs- oder Entscheidungsverfahren bezeichnet werden, welches nicht die objektiv optimale Lösung, sondern nur eine subjektiv akzeptable („gut genug") Lösung anstrebt. Heuristiken werden (in aller Regel unbewusst) von Individuen eingesetzt, um komplexe Probleme mit begrenzten kognitiven Kapazitäten in begrenzter Zeit zu lösen.[13] Kahneman und Tversky untersuchten in einer Vielzahl von experimentellen Studien, wie und unter welchen Umständen Individuen solche Heuristiken einsetzen.[14] Wesentlich für diesen Ansatz ist die Interpretation von Heuristiken als Abweichung vom Optimum. Heuristiken werden als eine (wenn auch praktisch nicht vermeidbare) „Fehlleistung" interpretiert, die prinzipiell vermeidbar ist (wenn sie als solche erkannt und ihre Auslöser identifiziert werden können).[15]

Ecological rationality Simons Postulat der beschränkten Rationalität und die dadurch in den Fokus gerückten Heuristiken im menschlichen Handeln wurden von Gerd Gigerenzer zum Konzept der „ökologischen Rationalität" weiterentwickelt.[16] Gigerenzer interpretiert Heuristiken im Unterschied zu Kahneman nicht mehr als Fehlleistungen bzw. Abweichung vom Ideal des vollkommen rationalen Handelns, sondern sieht den Einsatz von Heuristiken selbst als durchaus rational: „Der Einsatz von Heuristiken ist sinnvoll, wenn robuste Vorhersagen in einer unsicheren Umwelt erforderlich sind und bereits solide Erfahrungswerte

---

[12]Daniel Kahneman wurde für seine Arbeiten 2002 der Wirtschaftsnobelpreis verliehen.

[13]Vgl. Taschner (2013a, S. 187).

[14]Für einen Überblick vgl. z. B. Kahnemann und Tversky (2000).

[15]Kap. 4 geht auf eine Reihe von Heuristiken und ihre Bedeutung für das Management Reporting ein.

[16]Vgl. Gigerenzer und Goldstein (1996), Goldstein und Gigerenzer (2002).

im Umgang mit dieser Umwelt vorliegen. Heuristiken sind effizient und effektiv, wenn sie an die (physikalischen, sozialen oder institutionellen) Strukturen ihrer Umwelt angepasst sind."[17] Gigerenzer betont, dass es für einen beschränkt rationalen Akteur darauf ankommt, in einer bestimmten Situation den „match between mind and environment"[18] herzustellen. Je nach Art der Situation und den vorhandenen Beschränkungen kann es eben durchaus rational sein, nicht nach der (unerreichbaren) theoretisch optimalen Alternative zu suchen, sondern vereinfachende Heuristiken zu nutzen. Wesentlich – und sowohl dem Ansatz von Kahneman als auch von Gigerenzer gemeinsam – ist, dass diese Heuristiken nicht bewusst gewählt werden. Sie stellen nicht das Ergebnis eines kognitiv gesteuerten Wahl- und Abwägungsprozesses dar, sondern sind vielmehr das Produkt von Erfahrung und Intuition.

Damit gilt es als Zwischenfazit für die weiteren Ausführungen festzuhalten:

- Menschliches Verhalten ist keineswegs immer bewusstes, zielorientiertes, Handeln, sondern tritt in verschiedenen Formen auf.
- Die Rationalität des Handelns besteht häufig nicht in der „klassischen" Zweckrationalität eines homo oeconomicus. Vielmehr eröffnet erst die Einbeziehung anderer Rationalitätsbegriffe einen weiten Raum an Ansätzen zur Beschreibung und Erklärung menschlichen Verhaltens.
- Auch Alternativen zum Bild des homo oeconomicus erweisen sich in der Praxis als durchaus sinnvoll und geeignet, angestrebte Ziele zu erreichen (also „rational" im ursprünglichen Sinn).

Diese zentralen Punkte greift die Disziplin des Behavioral Accounting auf und versucht, sie mit vorhandenen Konzepten des Rechnungswesens zu kombinieren, um daraus Aussagen über die Verhaltenswirkungen von Methoden und Instrumenten des Rechnungswesens abzuleiten.

2.3 Behavioral Accounting als Wissenschaftsdisziplin

Behavioral Accounting als Teilgebiet des Rechnungswesens versucht, die Auswirkungen konkreter Ausgestaltungsformen des Rechnungswesens auf menschliches Verhalten zu erklären, vorherzusagen und darauf aufbauend

---

[17]Neth (2014, S. 26).
[18]Gigerenzer (2004, S. 67).

Abb. 2.1 Teilgebiete des Behavioral Accounting. (Eigene Darstellung)

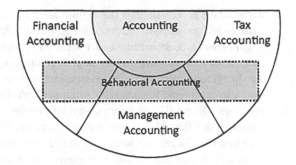

Gestaltungsempfehlungen zu geben.[19] Das Behavioral Accounting gibt deshalb die Annahme des homo oeconomicus auf und ergänzt die Erklärungsansätze menschlichen Verhaltens um Ansätze aus der Psychologie und Soziologie.[20] Ein verhaltensorientiertes Rechnungswesen berücksichtigt, dass die Akteure über begrenzte Fähigkeiten zur Aufnahme und Verarbeitung von Information verfügen, von Eigennutz geleitet werden und nicht unbedingt immer die Unternehmensziele verfolgen.[21]

Als „Startpunkt" der Berücksichtigung verhaltenswissenschaftlicher Ansätze im Rechnungswesen wird allgemein das 1969 erschienene Buch „Accounting and its Behavioral Implications" von William Bruns und Don DeCoster gesehen.[22] Seitdem hat sich ein breites Feld an Fragestellungen entwickelt.[23] Heute finden sich Verknüpfungen zwischen dem Rechnungswesen und den Verhaltenswissenschaften vor allem in drei Bereichen (vgl. Abb. 2.1):[24]

1. Behavioral Financial Accounting: An der Schnittstelle zwischen externem Rechnungswesen und Verhaltenswissenschaften geht es vor allem um die Rolle der Rechnungslegung für die Urteilsbildung und Entscheidungen von Investoren, Analysten oder Wirtschaftsprüfern.

---

[19]Vgl. Gillenkirch und Arnold (2008, S. 128).

[20]Ebenda.

[21]Vgl. Bramsemann et al. (2004, S. 553).

[22]Bruns und DeCoster 1969 (vgl. dazu Basel 2012, S. 47).

[23]Einen guten Überblick über die geschichtliche Entwicklung des Behavioral Accounting gibt Trotman et al. (2011). Speziell auf deutschsprachige Beiträge zur Entwicklung eines verhaltensorientieren Controllings geht Hirsch ein (vgl. Hirsch 2007, S. 200 ff.).

[24]Vgl. Gillenkirch und Arnold (2008, S. 129 f.).

2. Behavioral Tax Accounting: Die Schnittstelle von Steuerlehre und Verhaltenswissenschaften fokussiert Anreiz- und Kontrollprobleme von steuerrechtlichen
Regelungen (z. B. Steuerflucht oder Steuerhinterziehung).

3. Behavioral Management Accounting: Der dritte Querschnittsbereich betrifft
die Integration von verhaltenswissenschaftlichen Konzepten und Erkenntnissen in das interne Rechnungswesen und Controlling. Die Ausgestaltung von
Planungs-, Kontroll- und Anreizsystemen und ihre jeweilige Wirkung auf das
Verhalten der Betroffenen bilden einen Kern der Forschungsinteressen dieses
Zweiges. Hier ist entsprechend auch die Fragestellung des vorliegenden Textes
einzuordnen, nämlich welche Verhaltenswirkungen das Management Reporting bei den Beteiligten auslöst und welche Konsequenzen dies wiederum für
das interne Berichtswesen selbst hat.

Auch und gerade für das Controlling als Teildisziplin des Rechnungswesens hat
dieser Perspektivenwechsel hin zur Integration verhaltenswissenschaftlicher
Ansätze gravierende Konsequenzen: ein verhaltensorientiertes Controlling[25] kann
zwar weiterhin davon ausgehen, dass Individuen (und Organisationen) Ziele verfolgen. Doch ist keineswegs sichergestellt, dass diese Zielverfolgung unter der
bisher mehr oder weniger stillschweigend vorausgesetzten Annahme eines streng
zweckrationalen „homo oeconomicus" erfolgt. Nachdem im Controlling die
Steuerung und die Kontrolle – also die Verhaltensbeeinflussung – einen wesentlichen inhaltlichen Kern der Disziplin darstellen, rührt ein Wechsel hin zu einer
verhaltensorientierten Sichtweise des Controllings damit am Selbstverständnis
der Disziplin an sich: Welche Anforderungen stellen sich unter diesen Voraussetzungen an die Controllingfunktion im Unternehmen?

• In einer deskriptiven (beschreibenden) Sichtweise steht die wechselseitige
  Einflussbeziehung zwischen Individuum und Funktion im Mittelpunkt: Wie
  beeinflussen konkrete Controllinginstrumente oder – methoden das Verhalten
  einzelner Betroffener bzw. wie setzen umgekehrt Individuen mit beschränkter
  Rationalität diese Methoden ein und welche Wirkungen auf das Verhalten
  anderer werden dadurch wiederum ausgelöst?
• In einer präskriptiven (an Verhaltensempfehlungen interessierten) Sichtweise geht es darum, dem Controlling konkrete Hinweise darüber zu geben,
  wie unter diesen Voraussetzungen das Controlling seine Aufgabe als Unter-
  stützungsfunktion des Managements bestmöglich wahrnehmen kann.

---

[25]Ein solcher Controllingansatz wurde vor allem von Hirsch in die deutsche Diskussion
eingeführt (vgl. Hirsch 2006; Hirsch 2007; Hirsch et al. 2008).

Beide Perspektiven schließen einander nicht aus – im Gegenteil: Gestaltungsempfehlungen sollten sich auf Erkenntnisse stützen, die in der deskriptiven Sichtweise gewonnen wurden. Umgekehrt ist im Sinne einer Anwendungsorientierung
von deskriptiv gewonnenen Erkenntnissen zu fordern, dass sie letztendlich auch
in Gestaltungsempfehlungen münden. Dies ist der Ansatz, der nicht zuletzt auch
diesem Buch zugrunde liegt.

Verhaltenswirkungen des Management Reporting

3

3.1 Verhaltenswirkungen von Berichten – Überblick

Der allen Berichten und Berichtsarten gemeinsame Zweck besteht immer in einer Form der Verhaltensbeeinflussung:[1] Berichte sollen Entscheidern die für die Entscheidung notwendigen Grundlagen liefern, Führungskräften die Bestimmung von Korrekturmaßnahmen ermöglichen, Mitarbeitern den Vergleich mit früheren Perioden erlauben, etc. In der unternehmerischen Praxis stellen Berichte ein wesentliches Steuerungsinstrument dar. Die verhaltenssteuernde Wirkung kann durch die berichteten Inhalte selbst, durch die Tatsache der Berichtserstellung, oder aber auch durch die Art und Weise der Umsetzung des Berichtsprozesses ausgelöst werden.[2]

Berichte haben in jeder Phase des Berichtsprozesses verhaltensbeeinflussende Wirkungen. Diese sind auch keineswegs nur auf die Berichtempfänger (Adressaten) beschränkt, sondern können ebenso die Ersteller oder weitere am Prozess Beteiligte betreffen. Wesentlich ist allerdings, dass nicht alle Wirkungen von den Beteiligten beabsichtigt (intendiert) sind. Management Reporting löst immer auch nicht intendierte (d. h. von den Beteiligten nicht beabsichtigte) Verhaltenswirkungen aus. Eine weitere Differenzierung kann danach getroffen werden, ob das ausgelöste Verhalten eher intuitiver bzw. affektiver Natur ist, oder ob es sich um bewusst gesteuertes, reflektiertes Verhalten des Betroffenen handelt.[3] Diese beiden

---

[1]Vgl. Abschn. 1.2.

[2]Vgl. Taschner (2013a, S. 72 ff.).

[3]Diese Unterscheidung findet sich auch bei Stanovich und West (2000) oder Kahneman und Frederick (2002) wieder (vgl. Basel 2012, S. 70 f.).

© Springer Fachmedien Wiesbaden GmbH, ein Teil von Springer Nature 2019
A. Taschner, *Management Reporting und Behavioral Accounting,* essentials,
https://doi.org/10.1007/978-3-658-23492-8_3

Unterscheidungen können miteinander kombiniert und in einer 2 × 2 Matrix visualisiert werden, welche die vier Grundtypen der Verhaltenswirkung des Management Reporting darstellt (vgl. Abb. 3.1).

- **Typ 1** bezeichnet die durch den Bericht (bzw. seine Inhalte oder den Berichtsprozess) bewusst beabsichtigten Wirkungen, welche aufseiten des Beeinflussten zu reflektiertem, kognitiv gesteuertem Verhalten führen. Dies stellt den typischen Hauptzweck von Berichten dar: Auf Basis der nun endlich verfügbaren Berichtsinformation kann die Entscheidung getroffen werden, die angekündigte Präsentation der neuesten Berichtszahlen motiviert zur Teilnahme an der Sitzung, der näher rückende Berichtstermin veranlasst den Ersteller, andere Aufgaben nach hinten zu schieben, etc. Wirkungen vom Typ 1 werden durchaus offen kommuniziert oder vom Unternehmen z. B. in Anweisungen und Prozessrichtlinien formal niedergelegt. Sie treffen die Beteiligten deshalb in der Regel nicht überraschend, sondern stellen den allgemein erwartbaren Umgang mit Berichten und der Berichtsinformation dar. Deshalb soll hier im Folgenden von **„deklarierten Wirkungen"** des Management Reporting gesprochen werden.
- Wirkungen vom **Typ 2** werden ebenfalls von einem beteiligten Akteur gezielt herbeigeführt bzw. beabsichtigt, sollen im Unterschied zu Typ 1 aber beim Beeinflussten keine kognitiv gesteuerte Reaktion auslösen. Vielmehr soll der Beeinflusste zu intuitivem Verhalten, einer „Reaktion aus dem Bauch heraus" aktiviert werden: Der gezielte Einsatz von Signalfarben oder Animationen soll Dringlichkeit ausdrücken und den Empfänger zu raschem Handeln bewegen,

Abb. 3.1 Klassifikation der Verhaltenswirkungen von Berichten

		Auslöser der Wirkung	
		Intendiert	Nicht intendiert
Verhalten des Betroffenen	Reflektiv	1 Deklarierte Wirkungen	3 Reaktive Wirkungen
	Intuitiv	2 Manipulative Wirkungen	4 Versteckte Wirkungen

bewusst gewählte Formulierungen in den Berichtserklärungen sollen bestimmte Interpretationen nahelegen, etc. Im Regelfall soll die verhaltensbeeinflussende Wirkung dieser Maßnahmen dem Beeinflussten selbst verborgen bleiben, weshalb auch von „manipulativen Wirkungen" gesprochen werden kann.

- Wirkungen vom **Typ 3** treten vom Auslöser unbeabsichtigt auf, veranlassen den Betroffenen aber zu einem bewusst gesteuerten und reflektierten Verhalten. Hierbei kann es sich um eine Reaktion des Betroffenen auf von ihm subjektiv wahrgenommene Eigenschaften des Berichts, des Berichtsprozesses oder der Berichtsinhalte handeln: Die Präsentation des Berichts ist so spät am Abend terminiert, dass die Teilnehmer nach gegenseitiger Absprache dem Termin demonstrativ fernbleiben, die Berichtsinhalte sind nicht als „vertraulich" markiert, weshalb der Empfänger diese an alle Mitarbeiter weiterleitet, etc. Häufig wird das beobachtbare Verhalten von Dritten mit dem Bericht in einen Kausalzusammenhang gebracht werden können. Zumindest im Nachhinein ist ersichtlich, dass der Bericht der Auslöser des gezeigten Verhaltens war – auch wenn dies nicht beabsichtigt wurde. Diese Effekte werden im Folgenden als „reaktive Wirkungen" des Berichtswesens bezeichnet.
- Wirkungen vom **Typ 4** liegen immer dann vor, wenn diese vom Auslöser nicht absichtlich herbeigeführt werden und beim Betroffenen nicht bewusst gesteuerte Verhaltensweisen auslösen: Kein Beteiligter ist sich in dieser Situation der verhaltenssteuernden Wirkung des Management Reporting bewusst, weshalb der Bericht auch nicht als Auslöser erkannt wird. Solche verhaltensbeeinflussenden Effekte können entsprechend lange unerkannt bleiben und eine starke Wirkung entfalten. Wirkungen dieses Typs werden hier „versteckte Wirkungen" genannt. Ihnen ist Kap. 4 gewidmet.

3.2   Deklarierte Wirkungen von Berichten

Die deklarierte Wirkung von Berichten bezieht sich immer auf irgendeine Art der offenen Verhaltensbeeinflussung. Die unmittelbarste Art der Beeinflussung besteht zunächst darin, dass der Bericht bzw. die Berichtsinformation die Aufmerksamkeit des Betroffenen erregt.[4] Unter Aufmerksamkeit soll dabei die „Zuweisung von Informationsverarbeitungskapazität"[5] verstanden werden. Aufgrund der beschränkten Informationsverarbeitungskapazität des Akteurs stellt

---

[4]Vgl. Taschner (2013a, S. 75).
[5]Temmel (2011, S. 75).

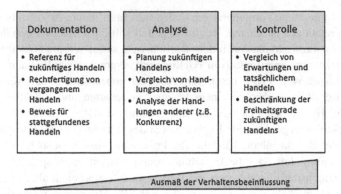

Abb. 3.2 Formen der deklarierten Verhaltensbeeinflussung durch Berichte

Aufmerksamkeit automatisch immer eine Priorisierung dar: Wer sich um einen Bericht oder dessen Inhalte kümmert, wird andere Dinge verschieben oder ganz ausfallen lassen – sprich: das Verhalten ändern. Das Erregen von Aufmerksamkeit stellt damit die erste zentrale Form der Verhaltensbeeinflussung eines Berichts bzw. seiner Inhalte dar. Das Erregen von Aufmerksamkeit ist allerdings kein Berichtszweck per se (vgl. Abb. 3.2). Dieser liegt vielmehr in der Dokumentation, Analyse, Kontrolle oder einer Kombination dieser Elemente.[6]

1. Der **Dokumentationszweck** von Berichten soll es ermöglichen, vergangenes Handeln und dessen Wirkungen nachvollziehbar zu machen und damit als Referenz für zukünftiges Handeln zu bewahren („Wie sind wir das letzte Mal mit dieser Situation umgegangen? Was hat mein Vorgänger damals gemacht?"). Umgekehrt kann die Dokumentation als Rechtfertigung für bereits erfolgtes Handeln dienen („Wir sind doch von Anfang an so und nicht anders vorgegangen – hier steht es schwarz auf weiß!"). Eine Verhaltenswirkung zeigt sich darin auch für zukünftiges Handeln, wenn der zum Handeln Aufgeforderte z. B. darauf vertrauen kann, dass sein Handeln nachvollziehbar dokumentiert (und damit später bei Bedarf gerechtfertigt) werden kann.

---

[6]Vgl. Taschner (2013a, S. 57 f.).

2. Der **Analysezweck** des Management Reportings betont die direkte Entscheidungs- und Handlungsunterstützung von Berichten. So kann zukünftiges Handeln besser geplant und vorbereitet werden, wenn die Rahmenbedingungen oder mögliche Konsequenzen bekannt sind. Entscheidungen zwischen verschiedenen Handlungs- alternativen werden aufgrund von Berichtsinformationen getroffen (oder ver- schoben), ebenso können Berichte Informationen über Handlungen Dritter (z. B. Kunden oder Konkurrenten) und deren Wirkungen liefern und damit wiederum Anstöße für eigenes Handeln liefern. Der Analysezweck von Berichten wird des- halb tendenziell einen höheren Grad an Verhaltensbeeinflussung aufweisen als der Dokumentationszweck.

3. Der **Kontrollzweck** von Berichten zielt auf den Vergleich von tatsächlichem und erwartetem Handeln ab.[7] Aus diesem Vergleich kann zukünftiges Handeln abgeleitet (z. B. Gegenmaßnahmen bei Nichterreichen von gesetzten Zielen) oder bereits geplantes Handeln angepasst (z. B. die Marketingkampagne der nächsten Saison) werden. Der Kontrollzweck von Berichten wirkt allerdings auch indirekt auf das Verhalten der Akteure. Wenn und soweit diesen bekannt ist, dass ihr Verhalten erfasst, kontrolliert und berichtet wird, werden sie ihr Handeln anpassen und z. B. bestimmte (unerwünschte) Handlungen unter- lassen. Der Kontrollzweck von Berichten schränkt damit die Freiheitsgrade zukünftigen Handelns ein („Wenn das später berichtet wird, dann passe ich lieber auf, was ich tue…").

Allen Formen der deklarierten Verhaltensbeeinflussung von Berichten gemeinsam ist, dass sie die Verhaltensänderung des Betroffenen über eine Änderung sei- ner Wissensbasis auslösen sollen. Wissen bezeichnet dabei die „geistige Aus- stattung" eines Individuums zur Lösung von Problemen oder Herbeiführung eines bestimmten Zielzustands.[8] Der Bericht verändert die Wissensbasis und damit die Möglichkeiten und/oder die Motivation des betroffenen Individuums, bestimmte Entscheidungen zu treffen und/oder Handlungen zu initiieren. Berichte werden dabei meist das sogenannte „deklarative Wissen" verändern. Als deklaratives Wissen wird das vom Individuum gespeicherte und bewusst abrufbare Wissen über Fakten, Handlungen, Verfahren oder Prozesse verstanden.[9] Davon zu unter- scheiden ist „prozedurales Wissen", das sich in der Fähigkeit des Individuums ausdrückt, bestimmte Handlungen ausführen zu können.

---

[7]Kontrolle stellt immer eine Form des Vergleichs dar (vgl. Schäffer 2001).
[8]Vgl. Lingnau (2004, S. 732).
[9]Vgl. Lingnau (2004, S. 733).

Management Reporting kann diese Wissensbasis verändern und damit einen Lerneffekt beim Individuum auslösen.[10] Das Lernen kann einzelne Individuen betreffen, gerade im Fall von Berichten aber auch eine Mehrzahl von Einzelpersonen aktivieren und damit eine Form des „organisationalen Lernens" initiieren:[11] Berichtsersteller geben von ihnen gesammelte und aufbereitete Informationen an Berichtsempfänger weiter, welche die Berichtsinformation wiederum mit bereits vorhandenem deklarativen Wissen verknüpfen und daraus neue Schlüsse ziehen, die wiederum bei Dritten weitere Handlungen und Verhaltensänderungen auslösen, etc. Die deklarative Wirkung von Berichten besteht damit im Grunde immer in der Auslösung von individuellen und/oder organisationalen Lerneffekten.

3.3   Manipulative Wirkungen von Berichten

Die manipulative Wirkung von Berichten wird zwar vom Berichtsverantwortlichen bewusst herbeizuführen versucht, ist aber in ihrer Wirkung dem Betroffenen (also meist dem Berichtsempfänger) nicht unmittelbar bewusst. Auch hierbei handelt es sich im Grunde um Lerneffekte, allerdings betreffen diese nicht das deklarative Wissen des Betroffenen, die Verhaltensbeeinflussung findet vielmehr über symbolische Steuerungsinstrumente statt.[12]

1. Wichtigstes symbolisches Steuerungsmedium ist hierbei die **Sprache:** Durch eine bewusste Wortwahl können beim Berichtsempfänger bestimmte Assoziationen und Konnotationen provoziert werden. So kann ein Gewinnrückgang in einem Bericht z. B. als „signifikant", als „deutlich" oder auch als „dramatisch" bezeichnet werden – die Interpretation der Berichtsinformation wird dadurch auf jeden Fall beeinflusst. Eine wichtige Rolle spielt auch die Modalität von Aussagen. Unter Modalität wird die subjektive Perspektive verstanden, welche der Sender einer Information zum Informationsinhalt einnimmt.[13] Sprachlich wird die Modalität durch Modalverben wie „können", „müssen" oder „dürfen" bzw. durch den gezielten Einsatz von Modalwörtern („leider", „hoffentlich",

---

[10]„Lernen" wird in den Verhaltenswissenschaften als Sammelbegriff für jede Art des Aufbaus oder der Veränderung von Verhaltens- und Erlebnismöglichkeiten verwendet, soweit diese auf Erfahrung zurückgehen (vgl. Nerdinger und Horsmann 2004, S. 721).

[11]Vgl. Süßmair (2000, S. 125 f.).

[12]Vgl. Sußmair (2000, S. 129).

[13]Vgl. Taschner (2013a, S. 106).

„angeblich", etc.) ausgedrückt. Die Interpretation eines berichteten Umsatz-anstiegs wird bei der Bemerkung, dass sich diese Entwicklung „angeblich fortsetzen könnte", wohl anders ausfallen als bei der Erklärung, dass die Ent-wicklung „wahrscheinlich verstetigt werden kann".

2. Ein weiteres Mittel zur versteckten, manipulativen Verhaltensbeeinflussung durch Berichte stellt die gezielte Nutzung von **Redundanz** dar. Redundanz bezeichnet in der Informationstheorie jenen Teil einer Nachricht, der „ohne Beeinträchtigung ihres Informationsgehaltes weggelassen werden kann."[14] Unnötige Wiederholungen desselben Inhalts oder mehrfache, nur leicht unter-schiedliche Darstellungen des gleichen Sachverhalts können Redundanz erzeugen. Redundanz kann zwischen einzelnen Teilen des Berichts auftreten (sog. Interne Redundanz), aber auch zwischen den Berichtsinhalten und dem Informationsstand des Berichtsempfängers (sog. Subjektive Redundanz).[15] Redundanz kann aber auch dazu genutzt werden, um beim Berichtsempfänger bestimmtes Verhalten zu provozieren: die Wiederholung bekannter Sachver-halte kann die Aufmerksamkeit für den Bericht insgesamt (und damit auch für andere, dem Empfänger noch nicht bekannte, Sachverhalte) schmälern. Man „versteckt" unbequeme Neuigkeiten in einem Wust an Altbekanntem, um sich Nachfragen zu ersparen. Umgekehrt kann durch die Wiederholung von bereits Bekanntem die Wichtigkeit dieser Informationselemente betont und die Auf-merksamkeit auf genau diese Punkte gelenkt werden.

3. Unbewusste Verhaltensweisen bei der Verarbeitung und Nutzung von Berichten können auch durch die **Gestaltung und Anordnung der Inhalte** hervorgerufen werden. Werden z. B. Inhalte im Bericht unmittelbar neben-einander dargestellt, werden sie vom Empfänger typischerweise auch als zusammengehörend wahrgenommen: Vergleiche werden provoziert, Kausalbeziehungen werden nahegelegt.[16] Ähnlich wirkt das „Gesetz der Geschlossenheit", welches besagt, dass Linien, die eine Fläche umschlie-ßen, gemeinsam mit dieser Fläche als Einheit wahrgenommen werden. Sind in einem Bericht also Teile umrandet, so werden diese umrandeten Teile als zusammengehörige Informationseinheit wahrgenommen und interpretiert. Eine weitere „klassische" Möglichkeit zur Verhaltensbeeinflussung ergibt sich in der Skalierung von Daten bei grafischer Darstellung: abgeschnittene oder

---

[14]Töpfer (1983, S. 781).

[15]Vgl. Taschner (2013a, S. 121).

[16]Dieser Effekt ist als „Gesetz der Nähe" bekannt (vgl. Koch 1994, S. 116).

verzerrte Skalen manipulieren die Interpretation und weitere Nutzung der dargestellten Information: Dass es sich in Abb. 3.3 in allen drei Zeitreihen um den gleichen jährlichen Anstieg von 10 % handelt, ist aus der Darstellung kaum ersichtlich.

4. Nicht zuletzt gehört auch der gezielte **Einsatz von Signalfarben** zu den Möglichkeiten, durch Gestaltung von Berichtsinhalten bestimmte Verhaltensweisen zu provozieren bzw. umgekehrt unwahrscheinlicher zu machen: Der Einsatz von Ampelfarben bzw. direkten Ampeldarstellungen provoziert lange eingeübtes Verhalten („Vorsicht!" oder „Alles klar, weiter geht's!"). Werden Informationsinhalte in gleichen Farben dargestellt, so legt auch dies Ähnlichkeit und/oder eine Kausalbeziehung nahe.

Hier bleibt allerdings anzumerken, dass die Grenze zwischen deklarierter und manipulativer Verhaltensbeeinflussung fließend ist. Der Einsatz der hier genannten Gestaltungselemente (Redundanz, sprachliche Erklärungen, Farben, Layout, etc.) geschieht durchaus – und wohl eher in der überwiegenden Mehrzahl der Fälle! – *nicht* in manipulativer Absicht. Dies macht es allerdings umso schwerer, die „Ausreißer" als solche zu erkennen und zu vermeiden.

3.4   Reaktive Wirkungen von Berichten

Berichte zeigen reaktive Wirkungen, wenn die Betroffenen (d. h. in der Regel die Berichtsempfänger) als Reaktion auf den Bericht ein bewusst gesteuertes, reflektiertes Verhalten zeigen, das vom Berichtsersteller aber nicht beabsichtigt

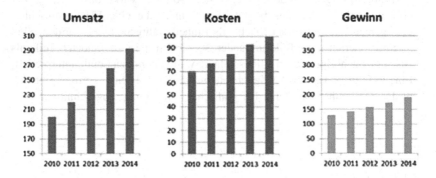

Abb. 3.3 Manipulative Wirkung von verzerrten Skalierungen

wurde. Richtet der Berichtsersteller sein Tun konsequent an der Erfüllung des Berichtszwecks aus, so führt das vom Berichtsempfänger gezeigte reaktive Verhalten zu einer Abweichung von bzw. Verfehlung eben dieses Zwecks (sonst würden die Berichtsempfänger ja das vom Ersteller erwartete Verhalten zeigen und der Bericht zeitigte „deklarative" Wirkung). Reaktive Wirkungen der Berichtsempfänger sind damit also Indikatoren für eine mangelhafte Erfüllung des Berichtszwecks und müssen als solche beim Berichtsersteller einen Lernprozess anstoßen: Was ging schief und was kann besser gemacht werden? Mögliche Auslöser für reaktives Verhalten sind dabei:

1. Eine hohe **Diskrepanz zwischen Berichtsinhalten und dem subjektivem Informationsbedarf** des Berichtsempfängers: Die Schnittmenge zwischen dem Informationsangebot und dem Informationsbedarf ist zu klein, der Berichtsempfänger fühlt sich durch den Bericht nicht ausreichend informiert und hat nach wie vor einen nicht gedeckten Informationsbedarf.
2. Hohe **subjektive Redundanz** der Berichtsinhalte: Der logisch umgekehrte Fall tritt auf, wenn die Berichtsinhalte von den Empfängern als bereits bekannt wahrgenommen werden. Die Überlappungen zwischen den Berichtsinhalten und dem subjektiven Informationsstand des Empfängers sind so groß, dass der Bericht als „kalter Kaffee" eingestuft wird. Zwar kann Redundanz in manchen Fällen auch zweckdienlich sein,[17] doch ist der aktuelle Informationsstand des Berichtsempfängers nie vollständig bekannt, sodass die Gefahr ungewollter Redundanz immer gegeben ist – umso mehr, wenn die gleichen Berichtsinhalte an verschiedene Empfänger mit unterschiedlichen Informationsständen übermittelt werden.
3. **Mangelnde Nachvollziehbarkeit:** Nachvollziehbarkeit bezeichnet die Möglichkeit für den Informationsempfänger, den Ursprung (Quelle) und die Entstehung (Aufbereitung) eines Informationsobjekts zu verstehen und gedanklich zu wiederholen. Er kann den sachlich-inhaltlichen Gehalt der Information überprüfen und für sich selbst als gültig verifizieren.[18] Bleiben Informationsquellen ungenannt oder „dubios", ist der Weg der erfolgten Daten- und Informationsverarbeitung unklar, oder sind eventuelle Einschränkungen der Gültigkeit der Information nicht ersichtlich, so leidet die Nachvollziehbarkeit des Berichts.

---

[17]Vgl. die Ausführungen in den vorigen Abschnitten.
[18]Vgl. Taschner (2013a, S. 132; Wall 2006, S. 49).

Wenngleich die Ursachen unterschiedlich sind, so wird die Reaktion des Berichtsempfängers in allen Fällen relativ ähnlich sein: Trifft der Bericht nicht seine Erwartungen, so wird er die Berichtsinhalte seinem Handeln nicht zugrunde legen. Damit ist der Berichtszweck verfehlt. Häufig werden aber noch andere, vom Ersteller nicht beabsichtigte, Handlungen ausgelöst: eine Beschwerde beim Vorgesetzten, eine Wiederholung der Informationsanforderung bei anderen möglichen Informationslieferanten oder etwa eine Informationssuche „auf eigene Faust". Typisches Beispiel für ein solches reaktives Verhalten ist der Aufbau eines „Schatten-Reporting".[19] Da den offiziellen Berichten nicht vertraut wird oder diese als unzulänglich wahrgenommen werden, fließen Informationen – mehr oder weniger strukturiert – parallel zum eigentlichen Management Reporting: Man fordert immer wieder informelle Ergänzungen zu den Berichten an, vergewissert sich noch einmal direkt bei den operativen Abteilungen, „ob die Zahlen wirklich so sind wie im Bericht angeführt" oder initiiert parallel geführte Berichte von unterschiedlichen Berichtserstellern. Ein Schatten-Reporting ist auf jeden Fall ineffizient, wenngleich es sich in manchen Fällen als zumindest begrenzt effektiv (=zielführend) erweisen kann: Die Entscheider erhalten letztendlich die Information, die sie wünschen und brauchen.

3.5   Versteckte Wirkungen von Berichten

Allen bisher beschriebenen Arten von Verhaltenswirkungen war gemeinsam, dass mindestens eine Seite (Berichtsersteller und/oder Berichtsempfänger) ein bewusst intendiertes und kognitiv reflektiertes Verhalten zeigt: Man weiß, was man will und handelt entsprechend. Versteckte Verhaltenswirkungen treten im Management Reporting hingegen immer dann auf, wenn sich kein Beteiligter der verhaltenssteuernden Wirkung bewusst ist. Trotzdem oder gerade deshalb treten derartige Wirkungen häufig auf und zeitigen große Wirkungen. Sie werden im nachfolgenden Kapitel behandelt.

---

[19]Bär und Purtschert (2014, S. 112).

Versteckte Verhaltenswirkungen des Management Reporting

4

4.1 Heuristiken und ihre Bedeutung im Berichtswesen

Gemäß der in Kap. 3 eingeführten Klassifikation treten versteckte Verhaltenswirkungen im Management Reporting immer dann auf, wenn sich die Beteiligten dieser Wirkung nicht bewusst sind – ihr Verhalten also unbewusst gesteuert ist. Als wesentliches Element eines solchen unbewusst gesteuerten Handelns begrenzt rationaler Akteure sind dabei verschiedene Formen von Heuristiken anzusehen.

Heuristiken sind Problemlösungsstrategien, die von Akteuren mit begrenzter Rationalität unbewusst eingesetzt werden, um in komplexen Situationen Handlungs- und Lösungsstrategien zu identifizieren, welche eine zumindest „ausreichend gute" Qualität aufweisen.[1] In diesem Sinne sind Heuristiken also durchaus „rational", weil sie Komplexität reduzieren, Entscheidungen beschleunigen und Sicherheit geben. Auch im Behavioral Accounting wurde bereits früh der Nutzen von Heuristiken gesehen und thematisiert.[2]

Jedoch standen – und stehen weiterhin – die möglichen Schattenseiten und Probleme von Heuristiken eindeutig im Vordergrund der Überlegungen.[3] Kern ist dabei die Tatsache, dass Heuristiken zwar im Regelfall durchaus sinnvoll sind (weshalb sich Menschen unbewusst eben häufig auf solche verlassen), im Einzelfall aber auch sehr negative Konsequenzen haben können. Als „negativ" im konkreten Fall

---

[1]Vgl. Abschn. 2.2.

[2]So etwa von Einhorn und Hogart (vgl. Einhorn und Hogart 1981, S. 6).

[3]Für einen Überblick vgl. etwa Basel (2012, S. 58 ff.) und die dort angegebene Literatur.

© Springer Fachmedien Wiesbaden GmbH, ein Teil von Springer Nature 2019
A. Taschner, *Management Reporting und Behavioral Accounting*, essentials,
https://doi.org/10.1007/978-3-658-23492-8_4

des Management Reporting können dabei alle Verhaltenswirkungen aufgefasst werden, welche das Berichtswesen in seiner Effektivität (Grad der Zielerreichung) und/oder seiner Effizienz (Kosten-Nutzen Relation) beeinträchtigen. Derartige negative Konsequenzen können im Berichtswesen durch eine Vielzahl von verschiedenen Heuristiken ausgelöst werden. Im Folgenden werden deshalb in kurzer, quasi „lexikalischer" Form einzelne Heuristiken vorgestellt und potenziell negative Auswirkungen auf Effektivität und Effizienz des Management Reporting aufgezeigt.[4]

Availability Bias

Der availability bias (deutsch: Verfügbarkeitsheuristik) beschreibt allgemein die Tendenz von Individuen, ihre Entscheidungen und Handlungen auf Informationen zu stützen, an die sie sich leichter erinnern können.[5] Die Verfügbarkeit von Information erhöht also die Wahrscheinlichkeit, dass diese Information handlungsbestimmend wird. Verfügbarkeit bedeutet hier vor allem, dass ein Individuum schnell und/oder einfach in der Lage ist, sich Beispiele vorzustellen bzw. in Erinnerung zu rufen.[6] Die Verfügbarkeitsheuristik kann eine sehr effiziente Form darstellen, Such- und Entscheidungsprozesse abzukürzen und damit Komplexität zu bewältigen. Sie kann sowohl bei deklarativem Wissen (Fakten) als auch bei prozeduralem Wissen (Methoden) wirken: auf welche Daten und Informationen man seine Handlung stützt, welche Methoden und Instrumente man anwendet, hängt dann weniger von der konkreten Situation und ihren Anforderungen, sondern von den bisher gemachten Erfahrungen des Handelnden ab.

Im Management Reporting tritt die Verfügbarkeitsheuristik in praktisch allen Phasen des Berichtsprozesses auf und ist deshalb eine der wichtigsten Heuristiken überhaupt. Sowohl die Berichtsersteller als auch die Berichtsempfänger sind von ihr betroffen:[7] Die Suche nach neuen Informationen wird nach „Abarbeiten der üblichen Quellen" vorzeitig abgebrochen, neue, dem Ersteller unbekannte, Formen der Informationsverarbeitung und -darstellung werden nicht ausprobiert. Berichtsinformation wird unbewusst mit bereits bekannten (erinnerbaren, d. h. verfügbaren) Informationen abgeglichen und ihre Glaubwürdigkeit bzw. Verlässlichkeit danach beurteilt, ob sie bisher gemachten Erfahrungen entspricht.

---

[4]Dieser Abschnitt stützt sich stark auf andere Publikationen des Autors zum Thema (vgl. Taschner 2013a, b).

[5]Vgl. Hirsch (2007, S. 137).

[6]Vgl. Jungermann et al. (1998, S. 169).

[7]Für eine detaillierte Darstellung des Effekts in den einzelnen Phasen vgl. Taschner (2013a, S. 196 ff.).

Betriebsblindheit

Menschen erwerben mit zunehmender Beschäftigung über bestimmte Aufgaben und Problembereiche ein sehr detailliertes Wissen und sammeln hierüber umfangreiche Erfahrung, verspüren aber gleichzeitig eine geringe Neigung, sich mit ihnen Unvertrautem oder Neuem auseinanderzusetzen.[8] Sie werden „betriebsblind". Betriebsblindheit führt zu einer eingeschränkten Informationsaufnahme bzw. auch zu einem eingeschränkten Informationssuchverhalten: man sucht – und findet – das, womit man sich auch in der Vergangenheit bereits beschäftigt hat. Neues oder Unvertrautes wird dagegen gar nicht wahrgenommen. Je besser die eingeübten Problemlösungen in der Vergangenheit funktioniert haben, desto stärker wird dieser Effekt.[9]

Diese selektive Wahrnehmung tritt sowohl bei Erstellern als auch bei Empfängern von Berichten auf: Betriebsblinde Berichtsempfänger setzen ihren zukünftigen Informationsbedarf weitgehend mit ihrem aktuellen Informationsangebot gleich, betriebsblinde Berichtsersteller berichten das, was sie bisher berichtet haben und nutzen vertraute Quellen und eingeübte Datenaufbereitungsmuster. Dieses Verhalten kann in stabilen Aufgabenfeldern zu guten Ergebnissen führen („Übung macht den Meister"), ist in sich verändernden Umgebungen aber gefährlich. Die Gefahr wächst, dass Management Reporting zu einem Selbstzweck degeneriert, welcher alle Beteiligten in ihren eingefahrenen Verhaltensmustern und Erwartungen bestätigt, aber kaum mehr Lerneffekte bei den Beteiligten auslöst.

Beziehungen und Rollen

In der betrieblichen (und privaten) Praxis ist es für Menschen praktisch unmöglich, die Qualität eines Informationsobjekts (z. B. einer Aussage, eines Ratschlags, einer Anweisung oder eines Monatsberichts) völlig unabhängig von der hierarchischen Stellung der Beteiligten, ihren bisherigen Erfahrungen miteinander, bestehenden Abhängigkeiten sowie dem gegenseitig entgegengebrachten Vertrauen oder der für einander vorhandenen Sympathie zu beurteilen. Die Wahrnehmung und Interpretation von Information ist immer beeinflusst von der Beziehung zwischen den Beteiligten und ihren jeweiligen Rollen: Ein und dieselbe Aussage hat aus dem Mund des Chefs ein anderes Gewicht als aus dem Mund eines unbekannten Kollegen. Gerade unterschiedliche

---

[8]Vgl. Scholl (1992, S. 903 f.; Taschner 2013a, S. 189).
[9]Vgl. Taschner (2013b, S. 29).

hierarchische Positionen können sich darin bemerkbar machen, dass der hierarchisch niedrigere Beteiligte sein Verhalten unbewusst so anpasst, dass Sanktionen vermieden oder umgekehrt Belohnungen erlangt werden können.[10]

Im Prozess des Berichtswesens sind Verzerrungen durch Beziehungen in allen Phasen zu erwarten, in denen es zu einer Form der Interaktion zwischen den Beteiligten kommt – so etwa bei der Übermittlung oder Ermittlung des Informationsbedarfs des Berichtsempfängers, bei der Kommunikation (Präsentation) der Berichtsinhalte durch den Berichtsersteller oder der Interpretation der Inhalte durch den Empfänger. In allen Phasen bewirkt die zwischen den Beteiligten bestehende Beziehung, dass der Nutzen und die Bedeutung einer Information nicht nur von der Information selbst (ihren Eigenschaften und ihrer Passung für die jeweilige Situation) abhängt, sondern auch von den Eigenschaften der beteiligten Individuen sowie in hohem Maße von den Eigenschaften der Beziehung zwischen diesen Beteiligten – die an sich mit der Information aber überhaupt nichts zu tun hat.[11]

Confirmation Bias
Menschen sind – anders als der homo oeconomicus – nicht frei von persönlichen Meinungen, Erfahrungen und Einstellungen, welche ihr Handeln beeinflussen. In ihrer Informationsverarbeitung zeigen Individuen typischerweise auch die Tendenz, für ebendiese Meinungen und Einstellungen weitere Bestätigungen zu suchen (und zu finden). Neue Information wird eher wahrgenommen und verarbeitet, wenn sie bestehende Einstellungen bestätigt bzw. wird sie den bereits bekannten Informationen „angeglichen", um Dissonanzen und Unsicherheit zu vermeiden.[12] Dieses Verhalten wird als Confirmation Bias bzw. Tendenz zur Bestätigung der eigenen Annahmen bezeichnet. Der Confirmation Bias wirkt also als Filter bei der Aufnahme und bei der Verarbeitung von Information.

Im Management Reporting bieten sich vielfältige Gelegenheiten für ein Auftreten des Confirmation Bias: So kann der Berichtsempfänger bereits einen eingeschränkten Informationsbedarf äußern (er sucht nur das, was zur Bestätigung der ohnedies bereits gefassten Meinung taugt), der Berichtsersteller kann sich bei der Suche nach Information auf bereits vertraute Quellen beschränken, die Verarbeitung und Interpretation der Berichtsinformation erfolgt durch die

---

[10]Vgl. Nerdinger (2011, S. 61; Sorg 1982, S. 382).
[11]Vgl. Taschner (2013b, S. 30 f.).
[12]Vgl. Sorg (1982, S. 380).

„Brille der bisherigen Erfahrungen", etc. Gerade in der Phase der Informationsverarbeitung und -nutzung zeitigt der Confirmation Bias zwei typische, aber
gegensätzliche, Effekte: Information, welche den eigenen Standpunkt tendenziell unterstützt, wird als näherliegend eingestuft als sie tatsächlich ist
(Assimilationsfehler), während Information, welche sich von der eigenen
Meinung unterscheidet, als noch stärker unterschiedlich wahrgenommen wird
(Kontrastierungsfehler). Die Unterschiede zwischen der Berichtsinformation
und der eigenen Meinung werden also in beide Richtungen unbewusst übertrieben, um ihre Akzeptanz bzw. Zurückweisung zu ermöglichen.[13]

Framing Effekt
Der Framing Effekt bezeichnet die – auch im Alltag relevante – Tatsache, dass die
Wahrnehmung einer Information durch die Art ihrer Darstellung beeinflusst wird.
Je nachdem wie (d. h. mit welchen Formulierungen und Begriffen) ein Sachverhalt dargestellt wird, kann seine Interpretation durch den Informationsempfänger
unterschiedlich ausfallen. Menschen lassen sich in der Interpretation von Aussagen vom sprachlich konstruierten Rahmen leiten und sind nicht invariant
gegenüber den gewählten Formulierungen.[14]

Für das Management Reporting ist der Framing Effekt zum einen bei Text-
information (z. B. Erläuterungen oder Zusammenfassungen wichtiger Ergebnisse) bedeutsam: Hier werden die vom Berichtersteller gewählten sprachlichen
Formulierungen beim Empfänger unter Umständen bestimmte – dem Ersteller
nicht bekannte – Interpretationen nahelegen oder auslösen. Zum anderen treten
Framing Effekte im Berichtswesen durch die Art der Darstellung und Anordnung
von Informationsobjekten auf: Berichtsinformation wird in Beziehung gesetzt zu
anderen Berichtsinformationen, welche den interpretatorischen Rahmen bilden:
Die gute Nachricht wird unter vielen schlechten Nachrichten zur Sensation –
unter vielen anderen guten Nachrichten aber zur Enttäuschung.[15]

---

[13]Vgl. Taschner (2013b, S. 33).

[14]Hirsch zeigt dies am Beispiel von betrieblichen Anreizsystemen: So drücken die Formulierungen „80 € Grundgehalt und 20 € Bonus bei Zielerreichung" bzw. „100 € Grundgehalt
und 20 € Abzug bei Nichterreichen des Ziels" zwar äquivalente Erwartungswerte aus, doch
ihre Anreizwirkung wird unterschiedlich sein (vgl. Hirsch 2007, S. 163).

[15]Vgl. Taschner (2013b, S. 34).

Gruppendenken

In der klassischen ökonomischen Theorie ist der homo oeconomicus „sich selbst genug" – er benötigt keine Helfer oder Ratgeber, um die optimalen (d. h. seine eigenen Ziele bestmöglich unterstützenden) Handlungen zu identifizieren. In der realen Praxis ist das Handeln und Denken der einzelnen Individuen aber sehr stark von anderen Gruppenmitgliedern beeinflusst. Arbeiten und handeln Menschen in Gruppen zusammen, so bemühen sie sich in der Regel, Konflikte zu vermeiden und eine gemeinsame Gruppenmeinung zu erarbeiten. Dieses Konsensstreben kann dabei sehr starke Züge annehmen und zu ausgeprägtem „Gruppendenken" führen:[16] Die Mitglieder geben eigene, möglicherweise vom Rest der Gruppe abweichende, Meinungen und Einstellungen vorschnell auf und passen sich an. Meinungen und Anregungen von außen werden zugunsten der etablierten Gruppenmeinung vernachlässigt oder ganz negiert. Die Gruppenmitglieder verhalten sich so, dass der Konsens schnell erreicht bzw. dauerhaft gewahrt wird.[17]

Im Management Reporting kann dieser Effekt dann auftreten, wenn „eingespielte Teams" zwischen Berichtserstellern und Berichtsempfängern sich vorschnell und ohne eventuell kontroverse Diskussion auf den zu deckenden Informationsbedarf, geeignete (weil von allen akzeptierte) Datenquellen oder auf naheliegende (weil in der Gruppe konsensfähige) Interpretationen der gesammelten Informationen einigen. Der Effekt tritt in Gruppen mit starkem Zusammengehörigkeitsgefühl („Korpsgeist") und/oder bei Dominanz einer starken Führungspersönlichkeit („der Patron") besonders stark auf. In solchen Fällen ist die Gefahr besonders groß, dass Berichte vor allem zur Bestätigung vorhandener Meinungen und Ansichten dienen, aber keine neuen Impulse und Denkanstöße liefern können.

Halo-Effekt

Der Halo-Effekt beschreibt eine Situation, in welcher eine Person aufgrund einer einzigen, deutlich hervorstechenden Eigenschaft beurteilt wird, welche alle anderen Merkmale überstrahlt (engl. „halo"=Heiligenschein). Das Individuum wird quasi „verkürzt" auf diese hervorstechende Eigenschaft, die Handlungen und Meinungen des Individuums werden mit der Bewertung dieser „Halo-Eigenschaft"

---

[16]Das Phänomen wurde bereits in den 1970er-Jahren von Irvin Janis untersucht (vgl. Janis 1982).

[17]Vgl. Taschner (2013b, S. 36).

verknüpft – und damit verzerrt. Dabei sind Verzerrungen in beide Richtungen möglich – abhängig davon, ob die Halo-Eigenschaft vom Betrachter als positiv oder negativ wahrgenommen wird.

Im Management Reporting führt der Effekt dazu, dass tatsächliche oder vornehmliche Eigenschaften von beteiligten Personen (Ersteller, Empfänger) wichtiger werden als die eigentlich interessierenden Informationsobjekte und konkreten Probleme: Analysen werden geglaubt oder nicht geglaubt, Informationsquellen werden berücksichtigt oder nicht berücksichtigt, Interpretationen wird gefolgt oder nicht gefolgt – und zwar weniger abhängig von den eigentlichen Informationen, sondern von den „Halo-Eigenschaften" der Ersteller oder Empfänger.

Information Overload
Menschen verfügen nur über eine begrenzte kognitive Kapazität und können keine unbegrenzten Informationsmengen aufnehmen. Eine Erhöhung der verfügbaren Informationsmenge wird zunächst den zu erwartenden Effekt auslösen: wer mehr Information zur Verfügung hat, kann Alternativen besser vergleichen, eine Wahl bewusster treffen oder auch unzweckmäßige Handlungen vermeiden. Mehr Information geht also zunächst mit einer höheren Rationalität der Handlungen einher.[18] Bei einem weiteren Anstieg der zu verarbeitenden Informationsmenge kehrt sich dieser Effekt allerdings um. Eine informatorische Überlastung löst beim Empfänger der Information sogar eine Verschlechterung der Entscheidungs- und Handlungsfähigkeit aus.[19] Es zeigt sich ein Zusammenhang zwischen verfügbarer Informationsmenge und Entscheidungsqualität, der annähernd einer umgekehrten U-Kurve entspricht: mit steigender Informationsmenge steigt zunächst auch die Qualität der Entscheidungen, um nach Erreichen eines Maximums mit weiter zunehmender Informationsmenge wieder abzusinken. Ein Mehr an Information ist kontraproduktiv, es tritt ein „information overload" auf.[20]

Im Management Reporting ist der Berichtsempfänger naturgemäß häufiger „Opfer" eines information overload, wenngleich die Ursachen hierfür sowohl beim Ersteller als auch beim Empfänger der Berichte zu suchen sind. Beide erkennen nicht, dass eine weitere Ausdehnung des Berichtsumfangs oder eine noch tiefere Detaillierung der Berichtsinhalte eher schaden als nützen. Besonders

---

[18]Vgl. Taschner (2013b, S. 39). „Rationalität" wird hier wieder im Sinne von „Zweckdienlichkeit" verstanden.
[19]Vgl. Hirsch und Volnhals (2012, S. 25) und Volnhals und Hirsch (2008, S. 51).
[20]Vgl. Taschner (2013a, S. 206).

gravierend wirkt sich die Tatsache aus, dass die objektive Verschlechterung der Entscheidungsfähigkeit vor dem subjektiven Überlastempfinden durch die Berichtsempfänger auftritt:[21] Die Empfänger fragen weiterhin Information nach, obwohl diese nicht mehr nützt, sondern eher bereits schadet. Das „informatorische Sättigungsgefühl" tritt also zu spät auf.

Konjunktionsfehler

Menschen können – anders als der idealtypische homo oeconomicus – Wahrscheinlichkeiten von verbundenen Ereignissen schlecht abschätzen. Wenn eine Kombination von Eigenschaften oder Ereignissen „subjektiv Sinn macht" (weil ihr gemeinsames Auftreten für realistisch oder plausibel gehalten wird), dann wird dieser Kombination intuitiv eine viel höhere Eintrittswahrscheinlichkeit zugeordnet, als objektiv statistisch gerechtfertigt wäre.[22] Der Konjunktionsfehler führt dazu, dass Menschen Einzelinformationen zu subjektiv „stimmigen Bildern" verknüpfen und diesen Kombinationen dann subjektiv hohe Eintrittswahrscheinlichkeiten (bzw. einen hohen Wahrheits- oder Realitätsgehalt) zuordnen: „So muss es sein, das macht Sinn."

Im Management Reporting bieten sich bei der Interpretation von Information vielfältige Möglichkeiten für den Konjunktionsfehler:[23] Daten müssen analysiert und in ihrer Bedeutung eingestuft werden, Informationen müssen gegen andere, widersprechende, Informationen abgewogen werden, Alternativen müssen verglichen werden, etc. Auf der Suche nach möglichen Erklärungen müssen verschiedene Puzzlesteine zu einem stimmigen Ganzen verbunden werden. Dabei wird diejenige Interpretation „gewinnen", welche subjektiv am plausibelsten erscheint – unabhängig von ihrer statistischen Wahrscheinlichkeit.

---

[21]Vgl. Taschner (2013b, S. 40).

[22]Vgl. Taschner (2013a, S. 201). Das „klassische" Experiment zur Darstellung des Effekts geht auf Tversky und Kahnemann zurück und fungiert seitdem unter der Bezeichnung „Linda Problem": ein Großteil der Probanden schätzten ausgehend von einer Personenbeschreibung, welche ihnen von den Forschern vorgelegt wurde, die Wahrscheinlichkeit, dass die fiktive Person „Linda" *sowohl* Bankangestellte *als auch* Frauenaktivistin ist, als deutlich höher ein als die Wahrscheinlichkeit, dass Linda nur *eine* dieser beiden Eigenschaften aufweist – was rein statistisch unmöglich ist (vgl. Tversky und Kahnemann 1973).

[23]Vgl. Taschner (2013b, S. 42).

Kontrollillusion

Die Kontrollillusion tritt immer dann auf, wenn ein Individuum die eigenen Einflussmöglichkeiten auf bestimmte Ereignisse oder Situationen überschätzt.[24] Man glaubt an eine Kausalbeziehung zwischen den eigenen Fähigkeiten oder eigenen Anstrengungen einerseits und bestimmten Umweltzuständen oder Ereignissen andererseits. Dies kann dazu führen, dass bestimmte eigene Handlungen ungerechtfertigter Weise fortgeführt werden (obwohl sie wirkungslos sind) oder Risiken eingegangen werden, die objektiv nicht vertretbar sind. Der Effekt wird durch eine hohe Vertrautheit mit der Situation bzw. der Aufgabe und hohe Erwartungshaltungen weiter gefördert.

Genau diese Rahmenbedingungen sind im Management Reporting häufig gegeben: Sowohl Berichtersteller (z. B. Controller) als auch Berichtempfänger (z. B. Führungskräfte) halten sich selbst für Experten, die Erwartungshaltung, „Leistung zu bringen" ist daneben ebenfalls meist hoch. Dies führt dazu, dass sowohl die Berichtersteller (z. B. bei der Suche und Interpretation von Inputs) als auch die Empfänger (z. B. bei der Wahl passender Maßnahmen) unrealistisch optimistische Erwartungen an die jeweils eigene Leistung haben. Fristen werden dann zu kurz angesetzt, Ziele zu hoch gesteckt, Risiken unterschätzt, Warnhinweise in den Berichten nicht ausreichend ernst genommen, etc.

Labelling Effekt

Der Labelling- oder Etikettierungs-Effekt bezeichnet das Phänomen, dass sprachliche Ausdrücke als „Etiketten" für Objekte wirken können und als solche die Wahrnehmung dieser Objekte durch Individuen beeinflussen. Wie Menschen ein bestimmtes Objekt oder eine bestimmte Person wahrnehmen, hängt auch davon ab, mit welchen „sprachlichen Etiketten" das Objekt bzw. die Person beschrieben wird.[25] Diese Etikettierung bewirkt, dass die mit gewissen sprachlichen Ausdrücken allgemein verbundenen Gefühle und Einstellungen eines Individuums auch auf das mit diesem Ausdruck belegte Objekt selbst übertragen werden.

Etikettierungen lassen sich im Management Reporting nicht vermeiden, sie sind sogar ein integraler Bestandteil von Berichten, da Erläuterungen, Zusammenfassungen oder Maßnahmenvorschläge notwendigerweise quantitativ dargestellte Sachverhalte mit sprachlichen Ausdrücken belegen müssen. Allerdings wird die Wahl dieser Ausdrücke in der Regel durch den Berichtersteller erfolgen – ohne

---

[24]Vgl. Thompson (2004, S. 115).
[25]Vgl. Taschner (2013b, S. 45).

zu wissen, welche Assoziationen eben diese Ausdrücke beim Empfänger auslösen.

Es ist auch durchaus möglich, dass das sprachliche „Etikett" – und die beim Empfänger damit verbundene Assoziation – stärker und länger im Bewusstsein des Empfängers bleibt als die damit bezeichnete quantitative Information selbst.

Overconfidence

Während ein homo oeconomicus quasi „unbestechlich" auch die eigenen Fähigkeiten und Fertigkeiten einschätzen kann, neigen Individuen in der Realität sehr häufig zu einem übertriebenen bzw. nicht abgesicherten Vertrauen in die eigenen Fähigkeiten und Kenntnisse. Sie stufen sich selbst und den eigenen Beitrag zu einem Ergebnis häufig als überdurchschnittlich ein.[26] Diese Selbstüberschätzung bringt Individuen dazu, im Vertrauen auf die eigenen Fähigkeiten höhere Risiken einzugehen oder sich in geringerem Ausmaß als ratsam um Hilfe oder Unterstützung zu bemühen.

Im Management Reporting kann das Phänomen „Overconfidence" dazu führen, dass der Ersteller von Berichten sein eigenes Fach- und Methodenwissen überschätzt und deshalb Analysen und Interpretationen ohne Absicherung durch weitere Expertenmeinungen vornimmt oder Analysemethoden anwendet, mit denen er nicht genügend vertraut ist. Ebenso unterbleiben im Vertrauen auf die eigenen Fähigkeiten detaillierte Rückfragen nach den Informationsbedürfnissen der Empfänger („Ich weiß doch, was die brauchen!"). Die Berichtsempfänger wiederum mögen sich für Fachexperten halten, denen bereits eine geringe Informationsbasis für ein fundiertes Urteil ausreicht oder aber trauen sich die Interpretation von komplexen Informationen zu, ohne Hilfe von Dritten (z. B. Betroffenen aus den operativen Bereichen) in Anspruch zu nehmen.

Rückschaufehler

Der Rückschaufehler – im Englischen als „hindsight bias" bezeichnet – beschreibt die Tatsache, dass Individuen in der Regel nachträglich „geschönte" Erinnerungen an ihre eigenen Einschätzungen und Urteile ausbilden.[27] Neu hinzugekommene Information verzerrt die Erinnerung an die vorher vorhandenen Meinungen oder Einschätzungen hin zu dem nunmehr bekannten tatsächlichen Sachverhalt. Dieses „nachträgliche Besserwissen"[28] führt dazu, dass Individuen

---

[26]Vgl. Grob und Bensberg (2009, S. 71).
[27]Vgl. Grob und Bensberg (2009, S. 71).
[28]Taschner (2013a, S. 210).

in der Rückschau ihre Fähigkeit, die Eintrittswahrscheinlichkeit und die Folgen eines Ereignisses oder einer Entwicklung abzuschätzen, systematisch überschätzen („Das habe ich doch schon immer gesagt.“). Dies führt dazu, dass Menschen ursprünglich gemachte Einschätzungsfehler oder Irrtümer nicht mehr (vollständig) erkennen und damit auch nicht daraus lernen können. Der Rückschaufehler macht „lernresistent".[29]

Im Management Reporting kann der Rückschaufehler dazu führen, dass Berichtsempfänger Informationsobjekte nicht als das aufnehmen und interpretieren, was sie eigentlich sind: Neuigkeiten bzw. Korrekturen von bisher vorhandenen Irrtümern. Stattdessen korrigiert der Berichtsempfänger bei der Aufnahme der Berichtsinformation seine Erinnerungen. Der Rückschaufehler führt dazu, dass Unsicherheit und Risiko in Entscheidungssituationen systematisch unterschätzt bzw. Möglichkeiten des Lernens und der Horizonterweiterung nicht ausreichend genutzt werden. Die Berichtsinformation verliert ihre Anregungsfunktion, der Empfänger lässt sich nicht mehr in seiner Meinung beeinflussen, da er nachträglich meint, dies oder zumindest etwas Ähnliches ohnehin erwartet zu haben.[30]

Small Sample Fallacy
Jedes Individuum bildet Urteile und Einstellungen aufgrund der selbst gemachten Erfahrungen aus. Werden bestimmte Erfahrungen häufiger gemacht, so wirkt dies verstärkend: die Urteile und Einstellungen verfestigen sich. Wiederholung wird also häufig als Zeichen für Validität interpretiert: Was man mehrmals hört oder erlebt, wird mit einer höheren Wahrscheinlichkeit als zutreffend oder wahr bzw. als „Regelfall" eingestuft.[31] Anders als ein homo oeconomicus ignorieren Menschen dabei aber die Gesetze der Statistik. Sie behandeln bereits kleine Stichproben irrtümlicherweise als repräsentativ für die Grundgesamtheit.[32] Was statistisch purer Zufall sein könnte (z. B. das Lob eines einzelnen Kunden) wird bereits als repräsentativ für alle weiteren Fälle (die Kundenzufriedenheit insgesamt) angesehen.

---

[29]Vgl. Taschner (2013b. S. 49).
[30]Vgl. Taschner (2013a, S. 210).
[31]Vgl. Taschner (2013b, S. 50).
[32]Vgl. Grob und Bensberg (2009, S. 72).

Im Management Reporting wird diese Heuristik vor allem bei der Informations-suche relevant. Der Suchprozess endet normalerweise mit einer mehr oder weniger bewussten Abbruchsentscheidung durch den Berichtsersteller (da die theoretisch verfügbaren Informationsquellen meist ohnehin nicht vollständig ausgeschöpft werden können). Die small sample fallacy führt dazu, dass diese Abbruchsent-scheidung zu früh getroffen wird, d. h. zu einem Zeitpunkt, bei dem die verfüg-baren Informationen noch nicht ausreichend repräsentativ sind.[33]

Validity Effect
Der validity effect (deutsch: „Wahrheitseffekt") beschreibt die menschliche Ten-denz, Aussagen, die man bereits früher einmal gehört oder gelesen hat, unbewusst als glaubhafter einzustufen als subjektiv völlig neue Informationen – auch wenn man sich nicht bewusst an die eigentlichen Informationsinhalte erinnern kann. Die Wiederholung einer bereits vorher wahrgenommenen Aussage erhöht deren subjektiven Wahrheitsgehalt: je öfter man eine Information wahrnimmt, desto glaubwürdiger wird diese. Salopp formuliert: Falsches wird durch oftmalige Wiederholung weniger falsch. Der Effekt gilt sowohl für Tatsachenaussagen als auch für Aussagen, welche lediglich Vermutungen und Meinungen ausdrücken.[34] Der unbewusste Zusammenhang „Häufigkeit der Wiederholung erhöht den wahr-genommenen Wahrheitsgehalt" gilt insbesondere für Bereiche, in denen die Sub-jekte sich selbst als kompetent einstufen – die Wiederholung einer Aussage, deren Wahrheitsgehalt man abschätzen zu können glaubt, führt zu einem stärkeren Wahrheitseffekt als eine Aussage aus einem völlig unbekannten Wissensgebiet.[35]

Im Management Reporting wird der validity effect immer dann relevant, wenn Information verarbeitet werden muss.[36] Zum einen muss der Berichtsersteller Inputs sammeln und verarbeiten. Dabei muss er klären, ob und welche Inputs valide sind und deshalb weiter verarbeitet und in den Bericht aufgenommen wer-den können. Zum anderen erhält der Berichtsempfänger diese verarbeitete und aufbereitete Berichtsinformation und muss bei deren Interpretation wiederum klä-ren, ob und wie vertrauenswürdig diese für ihn ist. In beiden Situationen greift der Wahrheitseffekt: Inputdaten werden vom Ersteller als valider wahrgenommen,

---

[33]Vgl. Taschner (2013a, S. 198).
[34]Vgl. Hackett Renner (2004, S. 201).
[35]Vgl. Hackett Renner (2004, S. 207).
[36]Vgl. Taschner (2013b, S. 52 f.).

wenn sie bereits vorher Erfahrenes wiederholen. Berichtsaussagen werden vom Empfänger als glaubwürdiger eingestuft, wenn sie etwas vorher Gehörtem oder Erlebtem entsprechen. Dass die Beteiligten sich in der Regel als Experten einstufen werden, erhöht die Wirkung des Effekts.

Verankerungsheuristik
Die Verankerungsheuristik bezeichnet das Phänomen, dass ein vorher wahrgenommener Reiz die Wahrnehmung und die Verarbeitung der nachfolgenden Reize beeinflusst – also als „Anker" für deren Einordnung und Bewertung dient. Solche Anker werden häufig ganz bewusst gesetzt – so z. B. bei der Vorgabe von Budgetwerten, mit welchen alle nachfolgend tatsächlich erreichten Werte in Beziehung gesetzt werden. Dieser Effekt greift allerdings auch unbewusst: aus gegebenen Startwerten werden durch Extrapolation, Vergleich oder Plausibilitätsmutmaßungen andere Werte abgeleitet bzw. spätere Informationen kategorisiert. Ob ein bestimmter Wert als vorteilhaft oder unvorteilhaft, als hoch oder niedrig, als wünschenswert oder nicht wünschenswert eingestuft wird, hängt nicht zuletzt davon ab, mit welchem Ankerwert er bewusst oder unbewusst verglichen wird.[37]

Im Berichtswesen werden typischerweise eine Vielzahl von Ankern gesetzt: Budget- und Vorgabewerte, Branchendurchschnitte, Werte aus vergangenen Perioden, Prognosen verschiedener interner oder externer Quellen, etc. Welche und wie viele solcher Ankerwerte das Management Reporting setzt, beeinflusst wesentlich die Wahrnehmung und weitere Interpretation der Berichtsinformation durch die Empfänger.[38] Nicht zuletzt können solche Ankerwerte aber auch gar nicht im Bericht selbst enthalten sein, sondern auf die Berichtsersteller und/oder -empfänger aus anderen Quellen und über andere Medien wirken.

Die vorstehenden Ausführungen haben aufgezeigt, wie breit und vielfältig der Raum für die von Heuristiken potenziell ausgelösten negativen Verhaltenswirkungen im Berichtswesen ist. Abb. 4.1 stellt dies noch einmal überblicksartig für die einzelnen Phasen des Berichtsprozesses sowie für die verschiedenen Beteiligten dar.

---

[37]Dieses Phänomen ist jedem Konsumenten bekannt, der einen Preis von 99,90 € einordnen soll und als Startwert den „ursprünglichen Verkaufspreis" von 129,90 € genannt bekommt. Vgl. Taschner (2013a, S. 200).

[38]Vgl. Taschner (2013b, S. 54 f.).

	Identifikation Infobedarf	Identifikation Infoquelle	Info-gewinnung	Infoverarbeitung und Aufbereitung	Info-speicherung	Infoüber-mittlung	Infover-wendung
Berichtersteller	• Betriebsblindheit • Overconfidence	• Availability bias	• Small sample fallacy • Confirmation bias • Availability bias	• Verankerungs-heuristik • Konjunktions-fehler • Validity effect • Availability bias		• Framing Effekt • Information overload	• Labelling Effekt
Interaktion Ersteller–Empfänger	• Beziehung und Rollen • Halo-Effekt • Gruppendenken	• Halo-Effekt				• Beziehung und Rollen	• Beziehung und Rollen • Halo-Effekt
Berichtsempfänger	• Betriebsblindheit • Kontrollillusion • Confirmation bias • Overconfidence				• Availability bias		• Rückschaufehler • Small sample fallacy • Verankerungs-heuristik • Confirmation bias • Validity effect • Availability bias

Abb. 4.1 Heuristiken in den Phasen des Management Reporting Prozesses. (Vgl. Taschner 2013a, S. 188, b, S. 25)

4.2   Umgang mit versteckten Verhaltenswirkungen

Störungen und nicht-intendierte, versteckte Verhaltenswirkungen können im Management Reporting nicht vermieden werden. Die Hauptursache hierfür liegt in der begrenzten Rationalität der handelnden Individuen:[39] Menschen haben kein perfektes Gedächtnis, täuschen und irren sich, oder lassen Emotionen in ihre Handlungen und Entscheidungen einfließen.

Allerdings werden diese menschlichen „Unzulänglichkeiten" durch eine Reihe von weiteren Faktoren beeinflusst. Das Auftreten bestimmter Heuristiken kann durch die spezifische Kombination der in Abb. 4.2 dargestellten Faktoren potenziell verstärkt oder umgekehrt gedämpft werden.[40]

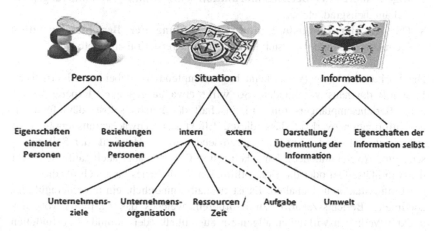

Abb. 4.2 Auslöser von versteckten Verhaltenswirkungen des Berichtswesens. (Taschner 2013b, S. 58)

---

[39]Vgl. Abschn. 2.2.
[40]Vgl. Taschner (2013b, S. 58 ff.).

1. **Eigenschaften der beteiligten Personen** selbst (Wissensstand, Erfahrung, Charaktereigenschaften, etc.),
2. **Eigenschaften der Beziehungen zwischen den beteiligten Personen** (Abhängigkeiten, Rivalitäten, Freundschaften, etc.),
3. In der Berichtssituation **relevante Unternehmensziele,** welche Inhalte, Prioritäten, Zeitdruck und Umfang des Berichtsprozesses beeinflussen können,
4. Die **organisatorische Einbettung des Management Reporting Prozesses,** welche den Spielraum der Beteiligten, aber auch die Komplexität der Aufgabe für den Einzelnen beeinflusst,
5. **Zur Verfügung stehende Ressourcen** (vor allem Zeit, aber auch Personal und Sachmittel wie z. B. IT-Unterstützung),
6. **Umweltfaktoren** wie unerwartet auftretende Ereignisse, regulatorische Rahmenbedingungen, Markt- und Branchenentwicklungen, etc.,
7. **Eigenschaften der Berichtsinformation** selbst (Umfang, Detaillierungsgrad, Bekanntheitsgrad, etc.),
8. Die **Art der Darstellung und Übermittlung der Berichtsinformation** (genutztes Medium, Übersichtlichkeit, Grafik versus Tabellen, etc.).

Die Wirkungsrichtung (verstärkend bzw. dämpfend) ist dabei von Heuristik zu Heuristik durchaus verschieden. So wirkt etwa ausgeprägtes Expertenwissen eines Berichtsempfängers (eine Eigenschaft der Person selbst) dämpfend auf den information overload (lässt diesen Effekt also schwächer ausgeprägt oder später auftreten) und wirkt auch „bremsend" auf die Heuristik der Selbstüberschätzung (overconfidence). Umgekehrt sind Experten aber auch „anfälliger" für den Validitätseffekt oder die Kontrollillusion.[41] Ähnliches lässt sich für die anderen Einflussfaktoren festhalten. Es ist deshalb unmöglich, ein allgemeingültiges „optimales Berichtsszenario" zu definieren, welches das Auftreten von versteckten Verhaltenswirkungen allgemein ausschließt oder zumindest bestmöglich vermeidet.

Für den Umgang mit Heuristiken im Management Reporting muss deshalb ein anderer Weg gewählt werden: Nicht das Etablieren eines „Heuristik-freien Management Reporting Habitats" kann das Ziel sein, sondern die Verknüpfung einer Vielzahl von Einzelmaßnahmen, die jeweils an unterschiedlichen Aspekten der Berichtssituation ansetzen (vgl. Abb. 4.3):[42]

---

[41]Vgl. Taschner (2013b, S. 64).

[42]Vgl. zum Folgenden auch Taschner (2013a, S. 213 f.) und Taschner (2013b, S. 63 ff.).

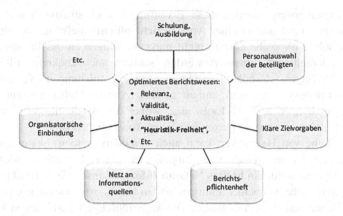

Abb. 4.3 Maßnahmen zum Umgang mit versteckten Verhaltenswirkungen. (Taschner 2013b, S. 70)

1. Zunächst gilt auch hier, dass die Beteiligten (Ersteller und Empfänger von Berichtsinformation) über mögliche versteckte Verhaltenswirkungen aufgeklärt werden müssen. Wer nicht weiß, worauf er zu achten hat, kann nicht entsprechend handeln. **Schulungs- und Trainingsmaßnahmen** können sich aber auch auf prozedurale und methodische Themen im Berichtswesen erstrecken, da sich einige (wenngleich auch nicht alle) Heuristiken durch ein verbessertes Fach- und Methodenwissen zurückdrängen lassen. Experten können manche Heuristiken einfacher vermeiden als Unerfahrene.
2. Wo eine Schulung nicht möglich oder nicht zielführend ist, kann auch durch gezielte Mittel der **Personalauswahl** und des Personaleinsatzes versucht werden, „die richtigen Leute an die richtige Stelle" zu setzen. Personen mit dem benötigten Fachwissen und entsprechender Erfahrung sind nicht nur weniger anfällig für manche unerwünschten versteckten Verhaltenswirkungen, sondern können natürlich die Qualität des Management Reporting insgesamt verbessern helfen. Einen ähnlichen Effekt kann man auch durch ein Vorgehen in Gruppen erzielen: wo ein Einzelner möglicherweise unbewusst handelt und entscheidet, können andere Personen als „Korrektiv" wirken. Nicht zuletzt auf diesem Zusammenspiel baut das „klassische" Tandem aus Controlling und Management auf.
3. Auch im Management Reporting gilt, dass zielführendes Handeln nur möglich ist, wenn die Ziele überhaupt bekannt sind. **Klare Zielvorgaben** und formulierte Erwartungen bezüglich des Berichtswesens, seines Aufbaus und seiner Inhalte helfen den Beteiligten in der Erfüllung ihrer Aufgabe.

4. Konsequenterweise werden diese Erwartungen auch strukturell und methodisch umgesetzt und in einer Art „**Berichtspflichtenheft**" dokumentiert. In einer solchen Vorgabe können nicht nur Erwartungen an das Berichtssystem des Unternehmens formuliert werden, sondern auch konkrete Hilfen (wie z. B. Vorlagen, Handlungsleitfäden, Nutzungsanleitungen verschiedener Informationssysteme, etc.) enthalten sein. Andere Hilfsmittel zur Unterstützung können z. B. IT-Tools sein, wobei die Bandbreite von einfachen Excel-Makros bis zu komplexen Reporting-Tools reichen kann.

5. Eine Reihe von Heuristiken kann auch gemildert werden, indem eine ausreichende Quellenvielfalt und Zugang zu unterschiedlicher Information gewährleistet wird. Ein **breites Netz an Informationsquellen** erleichtert kritische Vergleiche, vermeidet intuitives Füllen von Informationslücken durch die Beteiligten und stellt Anregungen für weiterführende Überlegungen zur Verfügung.

6. Nicht zuletzt können auch **organisatorische Maßnahmen** das Auftreten von Heuristiken eindämmen – z. B. indem „Einzelkämpfertum" vermieden wird und die Aufgabe der Berichterstellung angemessen in die Abläufe des Unternehmens eingebunden ist.

Dieses Bündel an Maßnahmen trägt auch zur Verbesserung des Management Reporting insgesamt bei. So können dadurch die Datenqualität verbessert, Fehler vermieden und der Management Reporting Prozess insgesamt beschleunigt werden.[43] Maßnahmen zur Vermeidung bzw. Eindämmung von unerwünschten versteckten Verhaltenswirkungen im Berichtswesen wirken also gleichzeitig auch in anderer Art und Weise qualitätsverbessernd für den Prozess des Management Reporting.

---

[43]Vgl. Taschner (2013b, S. 69).

Fazit 5

Management Reporting zählt zu den wichtigsten Aufgaben des Controllings in Unternehmen. Dieser hohe Stellenwert beruht auf der essenziellen Bedeutung, welche problem- und nutzergerechte Information in Unternehmen einnimmt. Es ist nicht übertrieben zu behaupten, dass in den allermeisten Unternehmen ohne eine geregelte Informationsversorgung wohl kaum ein sinnvolles, zielgerichtetes Handeln und Entscheiden möglich wäre.

Anders als es die klassische Ökonomie postuliert (und viele Einzelakteure vielleicht selbst glauben mögen), findet dieses Handeln und Entscheiden der Individuen aber nicht nach dem theoretischen Bild des homo oeconomicus statt. Menschen können angesichts steigender Problem- und Umweltkomplexität nicht mehr die gesamte prinzipiell verfügbare Information verarbeiten. Sie machen Fehler, suchen nach „Abkürzungen" und Vereinfachungen, um so auch in komplexen Umwelten handlungsfähig zu bleiben. Dieses Verhalten ist in sich durchaus rational und wurde in der Wissenschaft mit Begriffen wie „beschränkte Rationalität" oder „ökologische Rationalität" belegt.

Kerneigenschaft eines solchen beschränkt rationalen Handelns ist der Einsatz von Heuristiken – „Daumenregeln", die das Finden von ausreichend guten Handlungsalternativen in komplexen Situationen ermöglichen – also Individuen handlungsfähig bleiben lassen. Individuen – egal ob es sich um Berichtsersteller (Controller) oder Berichtsnutzer (Manager) handelt – setzen unbewusst Heuristiken ein, um ihre Aufgaben erfüllen zu können. Dieses Verhalten ermöglicht „im Regelfall ausreichend gute" (wenngleich selten theoretisch optimale) Handlungsergebnisse und ist deshalb rational im oben genannten Sinn.

Eine Verbesserung des Management Reporting muss zwingend auf Heuristiken eingehen, darf sich aber nicht zum Ziel setzen, Heuristiken vermeiden oder „abschaffen" zu wollen – was ein aussichtsloses und sogar unsinniges Unterfangen

© Springer Fachmedien Wiesbaden GmbH, ein Teil von Springer Nature 2019
A. Taschner, *Management Reporting und Behavioral Accounting*, essentials,
https://doi.org/10.1007/978-3-658-23492-8_5

wäre. Vielmehr muss die Bandbreite an heuristischen Verhaltensweisen erkannt und darauf aufbauend „in geordnete Bahnen" gelenkt werden. Das Wissen um die verschiedenen Heuristiken und ihre potenziellen Wirkungen im Prozess des Berichtswesens ist hierfür der unabdingbare erste Schritt. Der vorliegende Text versucht, hierfür eine Hilfestellung zu sein.

Was Sie aus diesem *essential* mitnehmen können

- Management Reporting ist das zentrale Instrument der Informationsversorgung in Unternehmen. Berichte haben immer das Ziel, das Verhalten ihrer Adressaten (Manager) zu beeinflussen.
- Berichte haben nicht nur beabsichtigte, sondern vor allem auch unbeabsichtigte Wirkungen auf die Beteiligten. Diese Wirkungen gilt es zu kennen und zu verstehen, um das Berichtswesen optimieren zu können.
- Der Ansatz des „Behavioural Accounting" (verhaltensorientiertes Rechnungswesen) beschäftigt sich mit den Wechselwirkungen zwischen Controllinginstrumenten (wie dem Berichtswesen) und menschlichem Verhalten.
- Menschen nutzen unbewusst eine Vielzahl an Heuristiken („Daumenregeln"), welche ihren Umgang mit Berichten stark beeinflussen. Berichte können dahin gehend optimiert werden, die Wirkung von Heuristiken möglichst im Sinne der Unternehmensziele auszurichten.

© Springer Fachmedien Wiesbaden GmbH, ein Teil von Springer Nature 2019
A. Taschner, *Management Reporting und Behavioral Accounting,* essentials,
https://doi.org/10.1007/978-3-658-23492-8

Literatur

Bär, R., Purtschert, P.: Lean-Reporting. Optimierung der Effizienz im Berichtswesen. Springer, Wiesbaden (2014)

Basel, J.S.: Heuristic Reasoning in Management Accounting – A Mixed Methods Analysis. Eul, Köln (2012)

Blohm, H.: Betriebliches Berichtswesen. In: Management-Enzyklopädie, Bd. 1, 2. Aufl. Moderne Industrie, München (1982)

Bramsemann, U., Heineke, C., Kunz, J.: Verhaltensorientiertes Controlling – Konturierung und Entwicklungsstand einer Forschungsperspektive. Betriebswirtschaft **64**, 550–570 (2004)

Bruns, W., DeCoster, D.: Accounting and its Behavioral Implications. McGraw-Hill, New York (1969)

Einhorn, H.J., Hogarth, R.M.: Behavioral decision theory: processes of judgment and choice. J. Acc. Res. **19**(1), 1–31 (1981)

Gigerenzer, G.: Fast and frugal heuristics. In: Koehler, D.J., Harvey, N. (Hrsg.) Blackwell Handbook of Judgment and Decision Making, S. 62–88. Blackwell, Malden (2004)

Gigerenzer, G., Goldstein, D.G.: Reasoning the fast and frugal way: models of bounded rationality. Psychol. Rev. **104**, 650–669 (1996)

Gillenkirch, R.M., Arnold, M.C.: State of the Art des Behavioral Accounting. WiSt **3**, 128–134 (2008)

Goldstein, D.G., Gigerenzer, G.: Models of ecological rationality: the recognition heuristic. Psychol. Rev. **109**, 75–90 (2002)

Grob, H.L., Bensberg, F.: Controllingsysteme. Entscheidungstheoretische und informationstechnische Grundlagen. Vahlen, München (2009)

Hackett Renner, C.: Validity effect. In: Pohl, R. (Hrsg.) Cognitive illusions – a handbook on fallacies and biases in thinking, judgment and memory, S. 201–213. Psychology Press, Hove (2004)

Hirsch, B.: Behavioral Controlling – Skizze einer verhaltenswissenschaftlich fundierten Controllingkonzeption, Habilitationsschrift WHU Vallendar, (2006)

Hirsch, B.: Controlling und Entscheidungen. Mohr Siebeck, Tübingen (2007)

Hirsch, B., Volnhals, M.: Information Overload im betrieblichen Berichtswesen – ein unterschätztes Phänomen. Betriebswirtschaft **72**, 23–55 (2012)

© Springer Fachmedien Wiesbaden GmbH, ein Teil von Springer Nature 2019
A. Taschner, *Management Reporting und Behavioral Accounting, essentials*,
https://doi.org/10.1007/978-3-658-23492-8

Hirsch, B., Schäffer, U., Weber, J.: Zur Grundkonzeption eines verhaltensorientierten Controllings. ZfCM. (Sonderheft. 1), 5–11 (2008)

Janis, I.L.: Groupthink. Psychological studies of policy decisions and fiascoes, 2. Aufl. Houghton Mifflin, Boston (1982)

Jungermann, H., Pfister, H.-R., Fischer, K.: Die Psychologie der Entscheidung – Eine Einführung. Spektrum, Heidelberg (1998)

Kahneman, D., Frederick, S.: Representativeness revisited: attribute substitution in intuitive judgment. In: Gilovich, T. Griffin, D. Kahneman, D. (Hrsg.) Heuristics and Biases: The Psychology of Intuitive Judgment, S. 49–81. Cambridge University Press, Cambridge (2002)

Kahneman, D., Tversky, A.: Choices, Values, and Frames. Cambridge University Press, New York (2000)

Koch, R.: Betriebliches Berichtswesen als Informations- und Steuerungsinstrument. Peter Lang, Frankfurt a. M. (1994)

Lingnau, V.: Kognitionsorientiertes Controlling. In: Scherm, E., Pietsch, G. (Hrsg.) Controlling – Theorien und Konzeptionen, S. 729–749. Vahlen, München (2004)

Nerdinger, F.: Interaktion und Kommunikation. In: Nerdinger, F., Blickle, G., Schaper, N. (Hrsg.) Arbeits- und Organisationspsychologie, 2. Aufl, S. 55–68. Springer, Berlin (2011)

Nerdinger, F.W., Horsmann, C.: Psychologie und Controlling. In: Scherm, E., Pietsch, G. (Hrsg.) Controlling – Theorien und Konzeptionen, S. 709–727. Vahlen, München (2004)

Neth, H.: Warum Controller auf Heuristiken setzen sollten. Controlling Manag. Rev. 58(3), 22–28 (2014)

Schäffer, U.: ZP-Stichwort: Kontrolle. Z. Planung. 12, 223–227 (2001)

Scholl, W.: Informationspathologien. In: Frese, E. (Hrsg.) Handwörterbuch der Organisation, 3. Aufl, S. 900–912. Schäffer-Poeschel, Stuttgart (1992)

Simon, H.A.: Rationality as process and as product of thought. Am. Eco. Rev. 68, 1–16 (1978)

Sorg, S.: Informationspathologien und Erkenntnisfortschritt in Organisationen, Dissertation Universität München (1982)

Springer Gabler (Hrsg.): Gabler Wirtschaftslexikon, Stichwort: Verhalten. http://wirtschafts-lexikon.gabler.de/Archiv/1408500/verhalten-v3.html

Stanovich, K.E., West, R.: Individual differences in reasoning: Implications for the rationality debate. Behav. Brain Sci. 23, 645–726 (2000)

Süßmair, A.: Behavioral Accounting. Verhaltenstheoretische Grundlagen des internen Rechnungswesens. Springer Gabler, Wiesbaden (2000)

Taschner, A.: Management Reporting – Erfolgsfaktor Internes Berichtswesen. Springer Gabler, Wiesbaden (2013)

Taschner, A.: Management Reporting für Praktiker. Springer Gabler, Wiesbaden (2013)

Taschner, A.: Wie Management Reporting 2020 aussehen könnte. Controlling Manag Rev. 58(3), 8–15 (2014)

Temmel, P.: Organisation des Controllings als Managementfunktion. Springer Gabler, Wiesbaden (2011)

Thompson, S.C.: Illusions of control. In: Pohl, R. (Hrsg.) Cognitive Illusions – A Handbook on Fallacies and Biases in Thinking, Judgment and Memory, S. 115–126. Psychology Press, Hove (2004)

Töpfer, A.: Informationstheorie. In: Management-Enzyklopädie, Bd. 4, 2. Aufl. Moderne Industrie, München (1983)

Trotman, K.T., Tan, H.C., Ang, N.: Fifty-year overview of judgment and decision-making research in accounting. Account Finance 51(1), 278–360 (2011)

Tversky, A., Kahneman, D.: Availability: a heuristic for judging frequency and probability. Cogn. Psychol. 5, 207–232 (1973)

Volnhals, M., Hirsch, B.: Information Overload und Controlling. ZfCM. (Sonderheft 1), 50–56 (2008)

Wall, F.: Informationsmanagement – Eine ökonomische Integration von Controlling und Wirtschaftsinformatik. Vahlen, München (2006)

Weber, J., Hirsch, B., Linder, S., Zayer, E.: Verhaltensorientiertes Controlling – Der Mensch im Mittelpunkt, Advanced Controlling, Nr. 34. WHU, Vallendar (2003)

Wirtz, M.A. (Hrsg.): Dorsch – Lexikon der Psychologie, 16. Aufl. Hans Huber, Bern (2013)

Printed in the United States
By Bookmasters